中国少数民族人口丛书

# 布朗族

翟振武 主编

陶玉明/编著

中国人口出版社
China Population Publishing House
全国百佳出版单位

图书在版编目（CIP）数据

布朗族/陶玉明编著．—北京：中国人口出版社，2012.12（2022.7重印）

（中国少数民族人口丛书）

ISBN 978-7-5101-1472-4

Ⅰ.①布… Ⅱ.①陶… Ⅲ.①布朗族—民族文化—中国 Ⅳ.①K286.1

中国版本图书馆 CIP 数据核字（2012）第 270042 号

中国少数民族人口丛书　布朗族

ZHONGGUO SHAOSHU MINZU RENKOU CONGSHU　BULANGZU

翟振武　主编　陶玉明　编著

责任编辑　魏小玲
美术编辑　刘海刚
责任印制　林　鑫　王艳如
出版发行　中国人口出版社
印　　刷　北京兴星伟业印刷有限公司
开　　本　710 毫米 ×1000 毫米　1/16
印　　张　9.75　插 1
字　　数　132 千字
版　　次　2012 年 12 月第 1 版
印　　次　2022 年 7 月第 2 次印刷
书　　号　ISBN 978-7-5101-1472-4
定　　价　40.00 元

网　　址　www.rkcbs.com.cn
电子信箱　rkcbs@126.com
总编室电话　(010) 83519392
发行部电话　(010) 83510481
传　　真　(010) 83538190
地　　址　北京市西城区广安门南街 80 号中加大厦
邮　　编　100054

# 中国少数民族人口丛书编委会

# 序

如果把一个民族比作一颗星星，那我们就是生活在一个繁星满天的世界。当今世界上有约 3000 个民族，分布在 200 多个国家和地区，绝大多数国家由多个民族组成。中国也是同样，是由各族人民共同缔造的统一的多民族国家。在漫漫的历史长河中，生活在中华大地上的各族人民密切往来、交流融合、团结奋斗、休戚与共，形成了一个伟大的强盛的中华民族大家庭，共同开发了祖国的美好河山，共同推动了国家的发展和社会的进步。

在中华民族的大家庭中，有 56 个成员，其中有 55 个是少数民族。新中国成立以来，少数民族人口一直持续增长。1953 年第一次全国人口普查时，少数民族人口总数为 3532 万人，占全国总人口的 6.1％。2010 年进行第六次全国人口普查时，少数民族人口总量达到了 1.14 亿，几乎是 1953 年的 3 倍，占到了全国 13.4 亿人口的 8.5％。各少数民族人口数量相差较大，如壮族有 1693 万人，回族 1059 万人，满族 1039 万人，维吾尔族 1007 万人，而赫哲族只有 5354 人，塔塔尔族 3556 人，独龙族 6930 人。中国各民族的人口分布呈现大散居、小聚居、交错杂居的特点。汉族地区有少数民族聚居，少数民族地区也有汉族居住；许多少数民族既有一块或几块聚居区，又散居全国各地。中国少数民族聚居区大都地广人稀，资源富集。少数民族地区的草原面积，森林和水力资源蕴藏量，以及天然气等基础储量，均超过或接近全国的一半。全国 2.2 万多公里陆地边界线中的 1.9 万公里在民族地区。全国的国家级自然保护区面积中民族地区占到 85%以上，是国家的重要生态屏障。中国各民族的起源和经济、社会、文化的发展有着本土性、多元性、多样性的特点，五彩缤纷，丰富多彩。

要全面认识中华民族，就要从认识每一个民族开始。正是从这个理念出发，我们编写了这套《中国少数民族人口》大型系列丛书，力图从历史、文化、经济、社会等各个方面，用准确、科学、生动的语言，全方位描述和展现各少数民族灿烂辉煌的历史和现状，编织出一幅绚丽多彩的中华民族大家庭的“全家福”。

编写这样一套大型系列丛书，难度非同一般。几经论证和深入研讨，最终形成了编写大纲，这套丛书各个分卷的作者绝大多数由少数民族作家担任，他们不仅熟悉自己民族的历史和文化，而且对本民族有深厚的感情。在国家新闻出版总署、国家人口计生委和中国人口出版社的大力支持下，作者们历经数年，几易其稿，终成此书。值此丛书出版之际，我们衷心地祈愿这幅“全家福”能为民族的交流和团结，为中国的文化建设，为整个中华民族的繁荣昌盛，作出一份微薄的贡献。

翟振武

2012 年 5 月于北京

# PREFACE

Every nationality sparkles like a star in the firmament. Now we have about 3000 stars distributed across the world in more than 200 countries, most of which are multinational. So is China, which consists of a number of nationalities. For centuries, all the nationalities have lived together, worked together and fought together, making China a prosperous unified multinational country.

Of all the 56 nationalities in China, 55 are minorities whose population has been increasing since the founding of The People's Republic of China. According to the first census in 1953, the minority population was about 35. 32 million, accounting for 6. 1 percent of China's total population. By 2010, the number had almost tripled. According to the sixth census, the population of the minorities amounted to 114 million, making up 8. 5 percent of the 1. 34 billion people in China. The population size of minority groups varies a lot. Some of them have a large population, for example, the Zhuang Nationality has a population of 16. 93 million; the Hui has 10. 59 million people and the Manchu consists of 10. 39 million people. Some of the minorities are quite small, such as the Hezhe, the Tatar and the Drung nationalities, which have populations of 5354, 3556 and 6930, respectively. China's nationalities live together over vast areas with some living in individual, concentrated communities in small areas.

Some minorities'concentrated communities are scattered among the Hans, and some Han people also live in the minority communities. Some minorities may have one or more concentrated communities, while their people spread all over the country. Most minorities'concentrated communities have their people sparsely distributed in large areas with abundant resources. The grassland, forest, water and natural gas reserves in areas inhabited by minority people account for about half of China's total. Further, 19 000 kilometers of the nation's 22 000-kilometer land boundary are in minorities'communities. In addition, 85 percent of the country's state-level natural reserves are in the minority areas, making the people important guardians of China's ecology. Each of the nationalities'origin is unique, and their development of economy, society and culture is full of variety.

Only by learning every aspect of the minorities'lifestyle can we have a comprehensive understanding of the Chinese nation. Under this notion, we write this series of books on the Population of China's Minorities to provide a detailed picture of our Chinese nation, with the glorious past and prosperous present of the country's minorities.

It is through trials and tribulations that we write this spectacular series of books. Most of the authors, who have profound knowledge of the minorities and wrote the books with their strong emotions, are members of minority groups. With the great support of the National Publication Foundation, the National Population and Family Planning Commission and China Population Publishing House, the authors completed the books after years of unremitting endeavor.

On the publication of this series of books, we are looking forward to seeing these books contribute to the unity of the Chinese nation and help our country flourish in the future.

*Zhenwu Zhai*

Beijing

May 2012

# 目录

目录

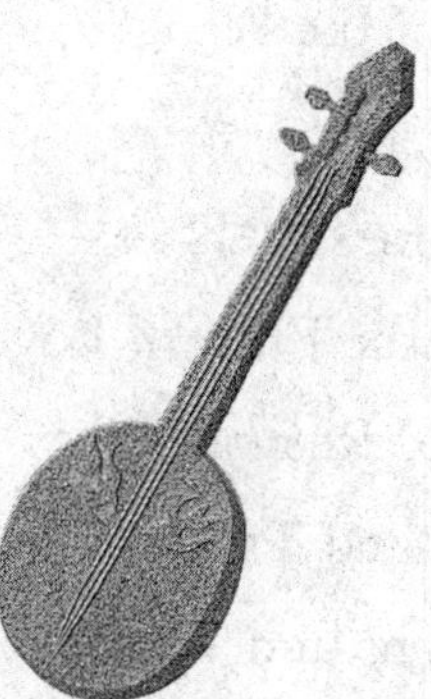

# 综 述

上古时期，中国西南地区活跃着“百濮”、“百越”、“氐羌”三大族群。布朗族属于“百濮”族群，是古代濮人的后裔。他们生活在澜沧江和怒江流域，主要分布在保山、怒江、德宏、临沧、普洱、西双版纳等州市。目前中国的布朗族人口只有 11 万多人，属于我国人口较少的民族之一。

布朗族是一个古老的民族。早在公元前 17 世纪的商朝初年，中原王朝就与南方的“百濮”有了接触、交往，并有零星的记载。布朗族有文字可考的历史从汉代开始。据汉文献记载，东汉时期（约公元 1 世纪），布朗族的先民——濮人，便居住在今天的保山、永平、施甸一带。

布朗族祖先——古代濮人所生活的哀牢国历史悠久，鼎盛时期其疆域号称东西 1500 里，南北 2300 里，其范围大体是东起洱海区域，西止于伊洛佤底江，南达今西双版纳及其南部地区，北抵喜马拉雅山南麓。今我国境内保山市、怒江州、德宏州、临沧市、普洱市南部、西双版纳州大部分地区，都属于哀牢国的故地。

哀牢国地域气候宜人，土地肥沃，水源充沛，物产丰富。出土的文物表明，其文化发达，有较高的生产力水平。

布朗族聚居区地处云贵高原横断山脉西南，境内高山鳞次栉比、千嶂叠翠，湖泊江河烟波浩渺、纵横交错。西部有高黎贡山、哀牢山，东部有碧罗雪山、无量山。在双江境内，山区面积为2083.64平方千米，占全县总面积的96.24%。主要山脉有马鞍山、四排山等，属怒山山系邦马山脉的主要分支。大雪山为境内最高峰，海拔3233米，东南的双江渡口为最低点，海拔670米，高差为2563米。勐海县总面积为1064.34平方千米。北部的三剁峰和三剁山的海拔为2000米左右，西南部海拔最低点仅有533米，南北相对高差达1400米。巴达山面积为316.21平方千米，小黑山是境内最高点，海拔为2249米，最低点在西南部的南览河岸边，海拔为668米。

布朗族地区的河流属澜沧江水系和怒江水系，两江的支流主要有：小黑江、南勐河、南定河、元江、威远江、扎社江、把边江、勐统河、湾甸河、景谷河、南宽河、南吉河、南埋河、西定河、南卡龙河、南例河等，水利资源十分丰富。

布朗族地区独特的自然环境为动植物提供了良好的栖息、生长条件，同时也为云南省赢得了“动植物王国”的美誉。这里地表资源和地下资源十分丰富，素有“有色金属王国”等美称。在浓密的原始森林里，生长着云南杉、云杉、松、柏、楠木、枷栗树、椿树、栎树、红毛树、马登树、香樟树、桉树等优质木材，还有紫胶寄主植物、橡胶、油桐、棕、核桃、板栗、各种竹类、柑橘、大叶种茶等经济林木。

粮食植物以旱稻（陆稻）、水稻、玉米、小麦为主，豆类、杂粮（荞、高粱、小米、洋芋、芋头等）次之；经济作物有甘蔗、花生、芝麻、葵花、油菜、辣椒、棉花、生姜、席草、烟草、麻类及各种蔬菜；食用菌有雷九菌、灵芝、银耳、木耳、蘑菇等；盛产野三七、龙胆草、贝母、麝香、鹿茸、防风、木蝴蝶、樟脑、美登木、金鸡纳霜、石解、苏木、甲片、山乌龟、肉桂、何首乌、灵芝、三棵针、仙鹤草等珍贵药用植物，还有胡椒、砂仁、草果等香料植物。

由于布朗族地区雨量充沛，气候湿热，各种适合于热带、亚热带、温带种植的水果十分丰富，如芒果、菠萝蜜、菠萝、香蕉、芭蕉、绣球果、柑橘、香瓜、番石榴、番木瓜、荔枝、羊奶果、桃、李、梅、梨、柿子、山楂、花红、枇杷、樱桃、木瓜等，还有橄榄、多依、鸡嗉子果等野生水果。

山林里栖息着珍禽异兽，野生动物主要有野象、野牛、野熊、野猪、云南虎、金钱豹、云豹、绿孔雀、白鹇、原鸡、白锦腹鸡、红锦腹鸡、穿山甲、犀鸟、鹦鹉、蟒蛇、眼镜蛇、猿猴、蜂猴、马鹿、水鹿、麂子等。其中，云南虎和绿孔雀被列为国家二类保护动物；白鹇、原鸡、白锦腹鸡、红锦腹鸡被列为国家三类保护动物；蜂猴、金钱豹、云豹、犀鸟属云南省一类保护动物；穿山甲属于云南省二类保护动物。

布朗族山区还蕴藏着丰富的矿产资源，如金、银、铜、铁、煤、锑、铅、铀、锡、锌、钨、水晶、石棉、硫磺、云母等。

布朗族是茶的民族。据专家考证，地处双江布朗族地区的勐库大雪山古茶树群落是目前人类已发现的海拔最高、分布最广、密度最大、原始植被保存最完整的千年古茶树群落。茶是大自然馈赠给勤劳善良的布朗族的珍品。在布朗人的生活中时时事事离不开茶。千百年的茶缘，布朗人说茶、吃茶、唱茶、用茶的习俗可谓到了极致。布朗族是中国古代“濮人”的后裔。有专家指出，茶叶是云南古代“濮人”最早发现和种植的。布朗人把对茶的情感凝聚成了一首首茶歌，一曲曲茶舞。还结晶成带有浓郁民族风情的厚重的茶艺茶道，其中以竹筒茶、烟米茶、明子茶、竹筒蜂蜜茶最让人叫绝。

布朗族是多神崇拜的民族。在人们眼里，山有山神，寨有寨神，五谷杂粮、金木水火、灶盆锅碗皆有神，神无处不在，无物没有。布朗人的多神崇拜，是布朗人心地善良、为人厚道的真实写照，他们祭祀多神，是对世间万物存在的尊重，是对一切生命存在的尊重，是对天地间人与自然和谐共存的理想和追求。人必须依赖自然而求得生存和发展，自然需要人的尊重和保护，最终二者才能和谐统一。

布朗族是勤劳勇敢的民族。按布朗族的习惯，小孩刚生下来，就要用冷水冲洗全身，他们认为经过这样洗礼的人长大以后，能经受一切严峻的考验。五六岁时就要学习射箭、摔跤等。七八岁便开始做些轻微劳动，如背水、割草、舂米等，当父母下地劳动时，他们还要在家照管弟妹。通过这一系列艰苦生活的锻炼，使他们从小就养成吃苦耐劳的性格。

布朗族是心灵手巧的民族。走进地处大山深处的布朗族村寨，会让人吃惊地发现，至今大多数家庭都还保留着整套性能齐全的老式纺织工具：轧棉机、纺线机、织布机。今天他们依然保留着自己种棉花、自己纺线织布、自己制作衣裳被服的生活方式。尽管现代文明已悄然“侵袭”着这个古老的村庄，处处可见现代文明带来的便捷与安逸，但这里的布朗人在敞开心扉接纳现代文明成果的同时，依旧精心呵护着千百年前的传统文化。在布朗人看来，不会纺线织布的女人不算好女人，这样的女人是嫁不出去的，即便嫁出去了也不会嫁得好婆家。布朗族有一句民间谚语：“家中无米男人羞，家人无衣羞女人。”

布朗族是具有美德的民族。在布朗族的《伦理道德歌》中唱道：人生只有一次，要做真实人，不做表面人。识别一个人的好与坏，不是看他脸面和身材如何，不是看他打扮得漂亮不漂亮，不是看他会不会说甜蜜话，而是看他内心美不美，看他是不是真心实意，看他是不是勤劳朴素，看他是不是有道德。生活在人世间，说话办事要有分寸，要顾到左和右，走路要顺着直路走，说、做、心三者要一致，不要做当面说好话，背后说坏话，当面是人背后是鬼的毒面人。要会识别善恶，美丑和好坏，要做表里如一的老实人。要想过好日子就要靠双手辛勤劳动，佛主只能给你精神上的温暖和鼓舞，不能给你送吃、送穿、送富裕。要想吃好、穿好、想富裕，只能靠自己。

布朗族是具有崇高气节的民族。布朗族是山地民族，他们自古生长在大山，衣食住行都离不开大山；大山哺育他们成长，孕育了他们的文化、他们的历史；大山也铸就了他们的性格、他们的人品，他们像大山一样质朴，他们像大山一样坚强。他们具有崇尚自然的淳朴天性、敬畏生命的谦和态度、注重教育的坚定信念、讲究礼仪的文雅追求、英勇抗暴的自由精神、海纳百川的开放胸怀。

布朗族作为一个古老民族，有辉煌的历史和灿烂的文化。从哀牢国遗址上发掘出来的许多文化遗址和文物证实，哀牢国有丰富多彩的耕织文化、装饰文化、饮食文化、婚俗文化、丧葬文化，特别是音乐和舞蹈艺术。然而，由于这个民族地处边陲，交通不便，信息闭塞，文化落后，只有语言没有文字，许多文化艺术瑰宝和古老民俗都只是靠口碑的形式流传下来。历经千百年的沧桑岁月，布朗族的史诗、歌舞、神话、传说经过时光的打磨、岁月的洗礼，像刚出土的金银碎片一样熠熠生辉。因为布朗山笼罩着太多的神秘色彩，被外界称为“人类最后的秘境”。

# 第一章

# 白云青山下　沧江怒水间

## 第一节　哀牢古国　白濮后裔

### 一、美丽富饶的哀牢国

在滇西高原，彩云之南，历史上曾经有过一个古老而神秘的国度——哀牢古国，这是布朗族的祖先——古代濮人曾经生活过的地方。在前后300多年的历史里，古代濮人在这里繁衍生息、发展壮大，用勤劳的双手创造了丰厚的物质财富，用聪明的智慧创造了灿烂辉煌的文化历史。

这个疆域辽阔、特产丰富、民族众多的文明古国大约形成于公元前300多年的战国中前期，其开国之王为九隆。经若干代后传至柳貌，公元69年，柳貌父子率众归附东汉，东汉以其地设永昌郡（今云南省保山市）。

哀牢古国最鼎盛时期，疆域十分辽阔，号称东西1500里，南北2300里，其范围大半与东汉所设全国第二大郡——永昌郡辖地基本一致。即东起洱海区域，西止伊洛佤底江，南达今天的西双版纳南境，

北抵喜马拉雅山南麓。

哀牢古国究竟有多少人口，我们不得而知，但是从有关史料记载来看，鼎盛时期就达到了 54 660 户、571 370 人，这在当时确实是一个很大的人口数字。

哀牢古国土地肥沃，水源充沛，气候宜人，矿产丰富，林木茂盛，动植物种类繁多，发展农、林、牧、矿产和各种手工业具有得天独厚的条件。《华阳国志》和《后汉书》等史籍都记载说这是“宜五谷蚕桑”，“出铜、铁、铅、锡……”，“尤多珍奇宝货和黄金、光珠、琥珀、翡翠、水晶、玛瑙……并有孔雀、犀、象等珍禽异兽”的地方。

勤劳、勇敢、善良的哀牢民族，能歌善舞，富于创造，用自己的智慧在这块古老的土地上创造了丰富而独特的文化。从考古发掘成果看，哀牢古国无论是石器文化、青铜文化，还是耕织文化、服饰文化、饮食文化、婚姻习俗、丧葬文化和音乐、舞蹈等民族民间文化都十分丰富而独具特色。

## 二、哀牢古国的百濮后裔

云南省是世界上早期的人类发源地之一，众所周知，元谋人生活在 170 万年前。研究表明，布朗族发源于并长期生活在云南省的怒江和澜沧江流域。要追溯布朗族历史，必须从其源头即云南西部九隆传说至古哀牢国说起。

生活在东汉时期的成都人杨佟著有《哀牢传》一书，书中讲到：有一个名叫沙壶的妇人，她住在哀牢山下，靠打渔为生。某一天，她在水中捕鱼时与一根不知哪来的木头撞了一下，不久就神奇地怀孕，并生下了十个儿子。沉入江底的木头有一天忽然变成一条巨龙，并开口问沙壶，你为我生的十个儿子，现在何处？其他儿子看到巨龙都吓得跑到一边去，独有老九背龙而坐。巨龙亲昵地呵护他，并对其母沙

壶说，谓背为九，谓坐为隆，就叫他“九隆”吧。九隆长大后诸兄都因巨龙父亲特别爱护过他而推举其为哀牢王。后来哀牢山下有一对夫妇又生下了十个姑娘，九隆兄弟便都娶她们为妻。从此，这一群龙的传人便在这哀牢山下世代相传，生生不息。

《哀牢传》里所记载的就是以今天的云南省保山市为中心的古代哀牢国之事。哀牢古国的中心地保山，是云南省重要的人类起源地之一。在该地区的羊邑清水沟煤矿出土了一具完整的古猿下颌骨化石，经鉴定迄今 400 万～800 万年。化石颌骨形态从齿弓到齿类都具有从猿向人转化的显著特征。此外，考古专家还发掘了蒲缥塘子沟旧石器遗址，找到了现在已发现的最早的哀牢先民——蒲缥人。蒲缥人距今约 8000 年，属于云南省发现的早期智人。

关于哀牢国，三国时期蜀相诸葛亮也在《哀牢国谱》中撰有：“先画天地日月君城府，次画神龙生夷及牛马驼羊，后画部主吏乘马幡盖巡行安恤，又画夷牵牛负酒赍金宝诣之象，以赐夷”等篇章。

通过历代史家的研究，我们得知九隆时期及哀牢国的一些情况，并且了解到今天的布朗族是古代哀牢国的后裔。

哀牢古国大约形成于公元前 300 多年，相当于中原地区战国时代的中、前期。开国之王就是《哀牢传》里记载的“九隆”。“九隆”王以后，有多少国王无从考证，直至禁高王方有记载。禁高后有吸、建非、哀牢、桑藕、柳承、柳貌、扈栗，共八王。西汉元封二年（公元前 109 年）汉武帝开辟西南边土，在哀牢国腹地保山设不韦县，中原势力和汉文化开始触及和传播至哀牢地。自此至 178 年后的东汉永平十二年（公元 69 年）哀牢王柳貌在汉朝多次对哀牢和云南各地用兵，因慑于“汉威甚神”，派其子扈栗“率种人”到洛阳内属，东汉在今保山设永昌郡，延续了数百年的哀牢国至此告终。

哀牢国是由最初的哀牢部落发展而成的。随着哀牢王国的形成和

不断扩大，哀牢国内杂居了许多民族，哀牢民族就不再单指原来的哀牢部族，而包括了哀牢部落在内的所有“国民”。据考，哀牢民族除濮系民族外，还杂居有氐羌和百越两大系。汉化以后，又有中原汉族迁入哀牢境内，与哀牢土著民族杂居，相互学习，相互融汇，使哀牢古国形成了以土著民族为主，外来汉族为辅的多民族杂居的历史国度。

## 三、有语言无文字的民族

布朗族只有语言，没有文字。布朗语属南亚语系孟高棉语族布朗语支。国内与之相近的有佤语、德昂语、克木语。由于同一族源的原因，布朗语与佤语、德昂语之间存在着亲缘关系，不仅其语法结构与佤语、德昂语基本相同，而且一些词汇方面也部分相同，彼此有着对应的规律。

布朗语可分为布朗和“阿尔佤”（或“乌”）两大方言区。布朗方言分布在云南省西双版纳傣族自治州勐海县的布朗山乡、巴达乡、西定乡、勐岗乡、打洛镇和景洪县的大勐弄乡等地，人口 3 万多人。阿尔佤方言分布在西双版纳傣族自治州勐海县的勐满乡，思茅市的澜沧县，临沧市的双江县、耿马县、永德县，保山市的施甸县等地。阿尔佤方言内部的语音比较复杂，使用这种方言的约有 4 万人。

此外，分散居住在思茅市的墨江、江城，临沧市的云县等地的布朗族，只有少部分保持了自己的语言，大部分已采用汉语作为交际工具。这些地区的布朗族人口约有 1 万多。

布朗语有 43 个声母，150 个韵母。布朗语的语音有彝语的刚健、傣语的柔和，小舌弹音尤富特色。布朗语的语音音乐性很强，音节结构比较整齐，听起来铿锵悦耳。布朗语有四个声调，分高、中、平、降四声。声、韵、调配搭，音律谐和，布朗族民歌因此而清悦动听。多种语言文字的应用，为布朗族与兄弟民族的文化交流创造了特殊的条件。

布朗族在使用自己本民族语言的同时还兼操傣语和汉语。布朗族没有自己的文字，借用傣文或汉文记述历史文化。中华人民共和国成立前主要借傣语，中华人民共和国成立后主要借用汉语。

布朗族为什么没有本民族的文字，历史上有许多传说。

传说帕雅桑木氏教各族人民识字，各族人民都去受教。汉族是骑马，傣族是骑象。他们按时赶到，帕雅桑木氏教他们识了字。布朗族是用足走，没有鞋穿，赶不上汉族和傣族，没有学到字，只会使用木刻和竹刻记事。

布朗族中有一个"捞智慧"的传说与这个传说的结构方式类似。这个传说讲：天神分智慧给各个民族。他把智慧装在竹筒里，任人去取。布朗族心急，第一个把手伸进竹筒去捞，得到上面的智慧；傣族、汉族最后捞，因为更大的智慧沉底，所以他们捞得多些。

关于文字的传说和智慧的传说反映了布朗族的祖先——古代濮人地处落后地区而又渴望尽快进步的心境。

## 第二节　沧江怒水　锦绣山河

### 一、丰富的水利资源

澜沧江发源于青海省玉树藏族自治州的杂多县吉富山，源头海拔5200米，主干流总长度2139千米，流经青海、西藏和云南三省（区），在云南省西双版纳傣族自治州勐腊县出境，经老挝、缅甸、泰国、柬埔寨和越南，于越南胡志明市流入中国南海。澜沧江是湄公河上游在中国境内河段的名称，是中国西南地区的大河之一，是世界第九长河，亚洲第四长河，东南亚第一长河。澜沧江水系主要由干流和

众多的支流组成，流域面积大于100平方千米的支流有138条，流域面积大于1000平方千米的支流有41条。主要支流有：子曲、昂曲、盖曲、麦曲、金河、漾濞江、西洱河、罗闸河、小黑江、威远江、南班河、南拉河等。澜沧江支流的特点是落差大、水资源丰富，上中游降水量少，有雪水补给，水量稳定，下游地处热带、亚热带气候区，降水量大，水量充沛。

怒江发源于青藏高原唐古拉山南麓的吉热拍格，雪水聚集成溪，溪流相汇成河。由贡山县进入云南后，流经怒江、保山、临沧、德宏4个州（市），从潞西市出境。怒江入缅甸后称萨尔温江，由莫塔马湾归入印度洋。

怒江—萨尔温江全长3200千米，流域面积32.5万平方千米。在中国境内长1540千米，云南段长650千米，省内流域面积3.35万平方千米，占全省面积的8.7%。

布朗族地区的湖光山色

怒江奔腾于高黎贡山和碧罗雪山之间，两岸山岭海拔均在 3000 米以上，江西海拔最高点为 1400 米，最低为 760 米，因它落差大，水急滩高，有“一滩接一滩，一滩高十丈”的说法，景致十分壮观。

怒江境内，4000 米以上高峰有 20 余座，群山南北逶迤、绵亘起伏，雪峰环抱，雄奇壮观。怒江境内，湖泊星罗棋布，高山深谷林海茫茫。比较著名的有泸水县高黎贡山的听命湖，福贡县碧罗雪山的干地依比湖，恩热依比湖，瓦着低湖等。这些高山湖清澈幽静，是由长年冰蚀形成的许多大小不等的“迷人湖泊”。湖岸原始森林密布，珍禽异兽繁多，古木参天，松萝满树，幽中显古，蔚为壮观。

在高黎贡山和碧罗雪山两条海拔四五千米的山系夹峙下，怒江劈山斩石、一泻千里，形成神奇壮美的怒江大峡谷。怒江大峡谷北起西藏察隅县察瓦龙乡，纵贯怒江傈僳族自治州后直达保山市龙陵县，全长 800 多千米，峡谷深度平均 2000 米以上，最深处高差达 3478 米。与科罗拉多大峡谷以侵蚀地貌为主不同，怒江大峡谷有着丰富的地质地貌类型、生物多样性和典型的立体气候。怒江大峡谷位于世界自然遗产“三江并流”腹地，分布的植物种类超过全国 1/5，动物种类超过全国 1/4。一个“怒”字，体现了这段峡谷河流的性格特征。由于两岸高山逼峙，怒江流经的这一河段成了最为险峻的大峡谷，河床宽度一般为 100～150 米，最窄处几十米，水流湍急处没人敢在江中打鱼。深谷中的怒江，不断冲破一座座石门、隘谷和峭壁，发出惊天动地的怒吼。

## 二、优越的气候条件

布朗族地处的哀牢山具有亚热带山地季风气候的特点，四季温和湿润，干湿季分明，因而各季的自然景观都独具特点，各显情趣。春季层峦叠翠，杜鹃花开；夏季凉风习习，云海翻腾；秋季层林尽染，

野果飘香；冬季青山绿水，泉水淙淙，这不同季节的自然风光对旅游者具有很大的吸引力。由于哀牢山区山体高大，致使东西部气候形成较大差异，又由于海拔差异悬殊，山区立体气候特征明显，气温日差较大，在哀牢山每一天都可以经历几个季节，任何时候都可以享受到宜人的气候，冬天可在风光秀丽的者东江边、石羊江畔尽情享受春天般的温暖，夏天可在风景如画的杜鹃湖边避暑逍遥。

哀牢山区气候温和，冬无严寒，夏无酷暑，在海拔高度1400米处，年平均气温17.9℃，12月平均气温11～12℃，6月平均气温21～23℃，平均最低气温14℃左右，平均最高气温22～24℃，这样的温度条件对于旅游是十分适宜的，特别是在3～10月，海拔1100～2300米范围月平均气温为10～25℃，是人体感到最舒适的温度范围，是出行观光的好季节。夏季由于云雨天气多，气温相对较低，海拔1700米以上山区，5～9月各月平均气温15～21℃，最热月平均气温20℃左右，极少出现30℃以上高温，夏季凉爽宜人，是消夏避暑的良好场所。

## 三、多样的物种资源

布朗族地处的哀牢山区温和湿润和复杂多样的气候，为多种野生动植物提供适宜的生存的环境，因而山区动植物品种繁多，特别是珍稀动植物更具有观赏和科学价值。

由于哀牢山区地形复杂，垂直气候明显，形成了多种类型的小气候环境，适合多种动植物生存和生长，是云南省国家级的自然保护区。哀牢山区有12种植被类型，在自然保护区内植物区系成分复杂，反映了植物热带起源的特点，是保留着世界广播种和中国特有种等多种植物区系北南交错的地区，有高等植物1500多种，其中已发现国家珍稀保护植物水青树、野荔枝、云南七叶树、景东翅子树、野芒果、红花木莲、任木等14种，此外杜鹃花和野山茶花更是引人注目。哀牢山区自然环境优越，动物资源十分丰富，有野生动物800多种，属国家保护的珍稀动物有黑长臂猿、金丝猴、猕猴、云豹、水鹿、豹猫、斑羚等。哀牢山也是鸟类越冬的良好场所，有鸟类323种，属国家保护的有绿孔雀、鸳鸯、红腹角雉、白腹锦鸡等。哀牢山西坡一个名叫三锅腔山的山头上，栖居着上万只鹦哥，清晨倾巢而出觅食，日落漫天而归宿林，上下飞舞，鸣叫不绝，场景蔚为壮观。丰富的动植物资源为专业旅游、科学考察等提供了极为有利的条件。

勐库大雪山千年万亩古茶树群落

由于气候生态环境优越，哀牢山区有丰富的土特产品和果品，为发展旅游业提供了优越的条件。哀牢山区海拔高低悬殊，气候复杂多样，加之山区气候温和，降水丰沛，利于各种作物生长。山区优越的气候条件为多种名特优产品生长提供了良好的条件，有茶叶、甘蔗等

经济作物，也有柑橘、香蕉、芒果、柚子等名优水果，此外还有香菇、木耳、鸡枞等著名山珍和名贵中药材等，都是深受旅游者喜欢的产品和食品。

## 四、美丽的自然景观

布朗族居住的哀牢山地区地处昆明、西双版纳、大理三大著名风景旅游区的中心部位，云南省两条主干公路——昆洛公路（312 国道）、昆畹公路（320 国道）分别从哀牢山风景区的南端和北端通过，具有明显的区位优势。

布朗山寨梯田

哀牢山区满目苍翠，景点众多，景观类型齐全，以其山雄、水美、林幽、物奇构成了原始古朴、壮丽迷人的自然风光。哀牢山气候温和湿润，森林茂密，空气清新，山花常开不败，环境幽雅迷人，有风光秀丽的杜鹃湖和山泉、瀑布，还有多种气象景观。哀牢山区是雄踞在

云南省山区的一条长龙，由西北向东南逶迤连绵，气势雄伟壮观。哀牢山动植物品种繁多，气候条件优越，气象景观和自然景观类型多样，民族风情独具特色，极具旅游观赏、休闲度假保健、科考探险之功能，是云南省一块尚待开发利用的旅游胜地。

## 第三节　南下迁徙　长哭当歌

布朗族的历史可以上溯到商朝时代，当时，布朗族的先民濮人曾向商王朝献短狗，向周王朝献丹砂。从那时起，濮人就一直居住在古永昌郡属地的区域内，是云南最古老的土著民族之一。

古代永昌郡范围内的濮人，由于分布地域广阔，所处的环境不同，其社会发展很不平衡。分布在城镇附近和交通便利地区的部分濮人，逐渐融合于周围先进民族中，而另一部分自汉代以来很长一段时期仍然处在十分落后的狩猎和采集经济阶段。由于这种狩猎和采集经济的不稳定性，濮人的迁徙活动甚为频繁。

布朗族迁徙的历史是一部用泪水书写出的辛酸历史。在临沧市双江自治县布朗族地区流传着这样一个故事：

在祖国的西南边陲，有一个美丽的城市——瑞丽（布朗族的人们称它为勐卯），这是布朗族的祖先曾经生活过的地方。这里有悠悠流淌的瑞丽江，有婀娜多姿的傣家小菩少，有夕阳映照下的凤尾竹林，有浓荫盖地的大榕树，有似火燃烧的凤凰花，有鳞次栉比的楼房，有南来北往的客商，有琳琅满目的商品，有品尝不尽的美味佳肴。很久很久以前，布朗族祖先就在勐卯这个地方繁衍生息。可是，千百年前的一个远古时代，布朗族的祖先们因为一窝土蜂与异族发生争端而引发了一场战争。由于战争残酷，敌强我弱，布朗族的保护神树不幸在一夜之间被异族的铁箭射倒。神树倾倒之后，布朗人失去了保护神，战

败后的人们不得不扶老携幼，逃离美丽的家园。

**优美的布朗族山寨**

布朗族的祖先告别勐卯，一路向南，去寻求部落人生存的希望。在布朗人迁徙的路上，沿途有异族追杀，前路有豺狼虎豹，侧面是波涛汹涌的澜沧江。没有武器，一根根削尖的芦蒿当长矛，一截截劈锋的竹片当战刀。澜沧江畔猿猴哀嚎，血腥飞溅，蜂桶鼓不停地敲击，冲杀的呐喊震天动地。布朗族的祖先头系黑巾，身穿黑衣，赤足站在高高的悬崖上挥举长矛，率领部落族人击退敌人一次又一次疯狂的追击。头系黑巾的祖先一顿足山崖在脚下摇晃，一挥手森林在眼前匍匐，祖先黑色的牙齿可以咬断豹子的喉管，巨大的耳环可以套住大蛇的毒牙，一声声怒吼，淹没了大江翻卷的波浪，点燃兰烟，可以驱除挡路的大虫。

布朗族的祖先一路向南，身后留下血迹斑斑的足迹。没有粮食，野果树皮充饥肠，飞禽走兽作美餐。没有房子，岩崖深洞当睡屋，大榕树下避风雨。没有睡床，搬块石头作枕头，编织蓑衣作被盖。一路向南的祖先，白天追着太阳走，晚上赶着月亮行，流血流汗不流泪，千里跋涉终不悔。一路向南，去寻找一个定居的好地方是祖先白天和黑夜都在做着的梦。祖先坐在江边的岩石上抽着兰烟吞云吐雾，眼前便出现了一道美丽的彩虹，脑海中幻想着一座彩虹般美丽的山寨。

布朗族的祖先一路向南，按照神的旨意，沿着澜沧江边朝着太阳升起的地方奔跑，奔跑！最后来到了没有人烟气息，只有野兽出没，没有坝子田园，只有森林蛮荒的地方。澜沧江与小黑江在这里交汇，祖先以及他所有的部落成员也在此会合，这就是今天的双江渡口。

双江渡口位于云南省临沧市双江县大文乡邦驮村，距县城 83 千米，东与普洱市景谷县隔澜沧江相望，南与澜沧县和小黑江一水之隔，这里景色雄奇秀美，小黑江自西向东汇入澜沧江，形成一个“丫”字形，远眺如两条巨龙蜿蜒在一起，雄奇而壮观，置身山顶俯瞰，青翠的山脚下澜沧江宛如玉带般环绕在群山之间。

风景虽好，但前面毕竟有两江阻隔，四周又都是悬崖峭壁，因此这还不是祖先们理想的栖身之地。为祈求平安，尽快找到安居的地方，布朗族的祖先抱着公鸡，点燃蜡条对着江边那棵古榕树跪拜祈祷。

在双江渡口会合后，人们继续沿着小黑江西上，走了很长一段路程，族人抱着的一只公鸡终于在一个叫“空阿”（现在的邦丙村）的地方啼鸣了。多少个 365 天，多少个白天黑夜，祖先抱着的那只公鸡都不曾叫过，公鸡在此鸣叫了，这该是布朗人能够安居的地方了。祖先将拐棍往地下一插，一夜间那拐棍神奇地发出新芽来。这就是布朗族崇拜为神树的埋永罕（金春树）。布朗人安居的这个地方叫邦丙弄，邦丙是澜沧江峡谷中较为宽展平整的地方，也是历经苦难后的布朗人理

想中的天堂。这里，树木繁茂，流水潺潺，常年青山叠翠，四季鸟语花香。当天晚上，人们燃烧篝火，载歌载舞，从夜晚唱到日出：

太阳出来了，
天空明亮了，
大地如烈火燃烧。
从勐卯弄来的人啊，
就在这有山有水的地方歇息吧！
敌人的箭射不着我们，
老虎的脚步追不到我们，
红木树柱子竖起来，
罩笼房子盖起来。
把房子建在山脚下，
把粮食种在山坡上，
谷子满仓牛满圈，
日子更比蜂蜜甜。

以后，布朗人的祖先们开始在这里种植谷物，收获粮食，种植棉花，纺纱织布。他们从山上砍来红木树，从江边山割来茅草盖起了一幢幢罩笼房。千百年以后的今天，邦丙村已经成为拥有 400 多户人家的大村寨，双江也已经拥有一万多人口的布朗族，布朗族祖先南下的故事在岁月的河流中还在像澜沧江的水一样悠悠流淌。

这个故事反映了布朗族南下迁徙的苦难经历。

# 第二章

## 历史文明的起源　千年传承的古风

### 第一节　民主和谐的大家庭

布朗族称氏族为“戛滚”，意即血亲集团。每个“戛滚”由一个男性祖先繁衍的数代子孙及妻子所组成，即高祖父母、曾祖父母、祖父母、父母、自己的妻子、儿子和儿媳等属于一个“戛滚”。布朗族就这样以氏族为单位建立村寨。当时人们主要从事山地农业，由于生产力十分落后，在隐天蔽日的原始森林里耕种旱稻，唯有依靠氏族集体的力量才能进行砍伐巨树丛林、扑灭过界山火等艰巨劳动，这就决定了当时必须实行生产资料氏族公有、集体劳动、共同消费的原始共产制生活。后来氏族公社解体，私有财产出现。氏族人口增多，矛盾争端不断发生，而在一个村落内可耕土地面积相对减少，于是某些氏族成员从母体中分裂出去，加入其他村寨，与其他氏族成员杂居相处，生娶繁衍，经过了相当长一段时期后便形成了原始社会末期的农村公社。

新中国成立前，西双版纳州布朗族已被傣族领主——召片领所统治，在社会政治制度方面受到经济文化相对先进的傣族较大的影响，但是由于布朗族居住山区、交通闭塞、生产落后等原因，傣族领主制

度还没有能够达到完全替代布朗族原始社会组织的地步。农村公社作为布朗族基本的社会组织仍然继续发挥固有的职能。

农村公社时期的布朗族是一个民主和谐的大家庭。

布朗族的农村公社既是一个经济的又是一个政治的共同体，每个村社在经济上和政治上自成一个独立的单位，村社内部由 1～10 个氏族或派生氏族所组成，其规模最大者 300 余户，小者 10 余户，一般都是 100 户左右。

布朗族古民居

各村社有严格的领域范围，大都以山岭、溪流或大树为界，彼此互不侵犯，砍种土地时也不能超过各自的领域和界限，否则将引起村界纠纷，轻则罚款，重则械斗。每个村社都有公共的土地、森林、牧场，有公共的墓地和公共的宗教生活。个人的人身安全得到集体的保护，若遇外侮都能团结一致，生死与共。这说明布朗族农村公社作为一个共同体，对于村社成员具有很强的内聚力。

村社头人是内外事务的领导者，也是集体的代表。布朗族原来的头人制度比较单纯，原始民主的内容生动而丰富。可是，近百年来，由于社会经济的发展，所有制的出现，特别是傣族封建领主势力的渗入，头人制度已经增加了某些阶级的因素。傣族领主分封若干布朗族大头人为召卷，每个召卷管辖数个村寨。布朗山、巴达、西定、打洛等山区共有 5 个召卷，管辖 15 个布朗族村寨。但各个村寨基本上各自独立，互不统率。头人的名称和职责各地略有差异，职责分工不甚严格。巴达区和西定区的村寨头人分7级：老干（总管寨内外主要事务）；达曼（主管生产和有关宗教事宜）；朗板（主管公共财物）；达闷、老先、达乃（此三头人为一级，协助老干办事，多管有关偷盗事的处理）；各朗（主管青年男女关系）；布占（主管宗教事务）；呵西（通信员）。

头人的产生具有原始民主的内容。如选举老干、达曼、达闷等头人时，要先由各氏族成员在氏族会议上提出若干人作为候选人，再交由全寨各氏族成员通过，最后用抽签方式选举确定头人。格朗以下的小头人不再经过群众抽签选举，直接由头人会议来确定，以向被选中人赠送礼物表达民意的方式产生。

候选人的条件主要是办事公正，不欺压人，夫妇双全，年龄在21～50岁者。至于家庭财富的多寡，在选举中还没有作为一个条件来考虑，即使是家境贫穷的成员，也可以被选为头人，有的地区，当选人要当众赌咒发誓，表示忠诚于集体。头人在任职期间，若不称职或严重损害公众利益，群众有罢免和另选的权利。

在布朗山区，选举达曼的方法是：选举时，全部村社成年男子齐集到佛寺，将九根竹签装进罐中，其中一根写上“当选达曼”的字样，由祭师向佛祷告说：“我们全寨来抽签选达曼，你在高处看得清，谁管寨子合适，就让谁当选。”祷告完毕，男子们摘下包头巾，跪着依次抽签，抽着写有当选字样的竹签者站立在一旁，然后将竹签仍投入罐中，让其他人继续抽，未抽着者被淘汰退到寺外。第一轮完毕，留下若干候选人，再由这些候选人继续第二轮抽签。这样逐次淘汰，最后剩下两人来抽两片竹签，其中一片有当选字样，凡抽着者就算当选为达曼了。

村社在必要时召开头人会议和民众大会，商讨决定寨内外事务。

头人会议也称为“抛马根”，意即爹妈会。头人会议在群众的政治、经济和宗教生活中起着重要的作用。寨内首席头人（老干或达捧）是会议的主持者，凡是对内对外重要事务，必须召集头人会议，同时邀请各氏族的老人参加商讨，作出处理意见或决定，然后召集民众大会或通过头人分头传达的方式征得全寨人的同意。

布朗山地区，头人的名称和职责与巴达、西定地区又有所差异。大村社共有 10 个头人：达捧（处理行政，主持村社会议，调解纠纷等）、达相（管理土地和生产，管对外交涉）、达奴（协助达相办事）、达道（主祭寨神，管婚姻风俗）、达亥（主管丧葬事务）、达巴（分派祭社神时所需的钱和物资）、达洪（通知村民开会）、乃恩乃康（催收钱粮，保管公款）、布占（占卜，祭鬼，管佛寺和赕佛）和布岗（主管村寨政权组织）。

布朗族有青年组织，男青年的领头人叫“塔格”，女青年领头人叫“亚格”。年满 15 岁的未婚青年男女都可以加入。一家人中如有同性别的未婚男女各两人的，只能各加入 1 人。加入时，塔格、亚格要征得拟加入者父母的同意。加入了青年组织的男青年可以“串姑娘”，女青年可以接待男青年的来访。成员要参加村寨的祭祀、插花节堆沙、打扫公共卫生、修沟、铺路等公共事务。如无故不参加的，要罚钱。塔格、亚格结婚后，要另选人担任。

## 第二节　流行千年的古风

### 一、居住习俗

布朗人依山建寨，沿江而居，很多村寨都是建在海拔 2000 多米的较为平缓的山坡上，四周多是险峻的陡坡。历史上，布朗族的村寨多设了用带刺的树丛或石头砌成的寨墙，以防外敌。村寨出入有门，随时可以关闭。

布朗族村寨，多建在山场广阔、森林茂密的半山腰上。从前，建寨时要通过占卜来确定具体位置，并举行一种叫“乖脱”的建寨仪式。主持者先向山神祈祷，指导人们用茅草连成的草绳，围出建寨的范围，然后在所围出的地块中间栽上几棵象征寨心神的木桩，用白线绕在木桩上围成网状，主持人围着木桩念经、滴水，祭祀各种神灵，祈求吉祥平安。寨心神，布朗语称“再曼”，是管理全村社成员一切吉凶福祸的神灵，是神圣不可侵犯的。村寨头人“昭曼”的罢免也由它来决定，如果猪、鸡闯入寨心神，被认为是现任“昭曼”不能继续任职，须重新选举新的“昭曼”。

布朗族的寨心桩

设好寨心神，佛爷又指导人们建起四道寨门，寨门分正门和侧门。正门建在穿寨而过的道路上，是与外界联系的进出门；侧门建在村寨两侧，是通往田野、山地的小道门。每道寨门都栽有两棵木桩，象征着守门神，布朗语称“肯拥”，意思是让其把住寨门，不让鬼怪、野兽进入村寨。建好寨门，人们就可以在圈好的场地内选择宅基地，动工建房。

布朗山寨

布朗族的民房结构大致有两种形式——土木结构式的房屋和“干栏式”的竹楼。

靠内地保山、临沧一带的布朗族的住宅是属于土木结构的两层楼房，或是双斜面的平房。屋顶有的盖成长方形，有的盖成圆锥形，四壁是用土基筑墙，在竹林较多的村寨，是用粗龙竹编织成篾笆的竹墙，再用泥巴与牛粪混合后粉涂之，以避风雨。室内用木板隔成两间或三间，楼上堆谷物或做卧室。楼下三间，中间做客厅，正面设神龛，供祖先牌位。厅侧靠墙一边挖着一个火塘，随时烧着炉火，茶壶是用一根绳子系着的活动木勺，吊在火塘上面，可煮茶水，也可煮锣锅饭。火塘边是人们休息、招待客人和开会的地方，也是男女青年互访之所。左边为家长卧室，右边是厨房，灶是两眼，高达腿部，上置大铁锅和饭甑。施甸、永德的布朗族，正屋侧还盖有厢房，作为畜圈以及堆放柴草、推磨、舂碓的地方。庭院是天井，筑有照壁和大门。双江布朗族的正屋右侧，搭有一间偏厦，用以堆放柴草，放置石磨等，左侧盖有畜圈，而厨房另盖于卧室之侧。正屋前是庭院，有的以竹栅围之，开有竹门。

西双版纳州、澜沧一带的布朗族的住房，称作“干栏”竹楼。“干栏”竹楼全为竹木结构，用14～16根直径20厘米的粗木为柱，中柱四根较粗，高5～6米，横梁四根，长约4米，椽子150根左右，屋顶突出为双斜面的草排盖成，每间需要草排800余张，大房子需要1500张，木板20多块。这种“干栏”式屋顶，很像舞台上的“孔明帽”。当地老人传说：古代时，边境常受外国人入侵，民不聊生，于是诸葛孔明率领大军，挺进边疆，平息了外侮，各民族人民才得以安宁，布朗族人为感激孔明，在盖房子的时候都仿照孔明的帽子，盖起“孔明帽”的屋顶。这虽然是传说，却反映了对孔明的敬仰。这种竹楼建有两层，上层住人，搭七八级楼梯，下层关猪、鸡、牛等，也可以堆放柴火和什物。楼上的地板是用龙竹剖开，压成竹板铺垫的，在卧室和待客之处铺以篾席，进屋必须脱鞋。楼上客厅设一方形火塘，火塘上置一铁三脚架。火塘上端吊着一个方形篾笆编成的烘台，可烘谷子、茶叶、烟草、腊肉等。竹楼内有的隔成小间，有的不隔。火塘左右两边为卧室，家长

布朗族“干栏”竹楼

居于火塘的正上方，靠火塘里边的一根中柱是存放“代袜么·代袜那”灵物的地方。竹楼上方用几根横梁架起，上盖篾席，用木梯爬上去，存放粮食谷物及其他用具。在竹楼右侧用木架搭成一长方形凉台，上铺篾席，搭有竹竿，竹竿用于晾晒衣服，凉台用于乘凉。楼下四周用木棍围成栅栏，留有门。

在布朗族地区，无论是竹楼还是木楼抑或是竹木楼和砖木结构的楼房，其民居一直保留着传统的建筑风格，进入布朗族村寨，一眼望去，寨中建筑的现状都像根据同一张设计图建造的作品。

一般竹楼可住 20 年，每隔两年要用茅草翻盖屋顶一次。布朗族修建房屋时，都是全“嘎滚”的成员集体协作。竹楼建成时，当晚全村亲友都来贺新房，主人还要请本地的歌手来唱贺新房调。

随着生活条件的改善，砖混结构的住房已经逐步代替了土木结构的住房。

布朗族村寨在离村子不远的地方，家家户户都盖有一间间小仓库，用来存放粮食，离村寨一定距离主要是为了防止火灾。这些仓库无人看守，也很少有偷盗现象。

布朗族信仰佛教，因而，村寨里都建有佛寺。佛寺都是土木结构瓦顶房，这些佛寺建筑庄严宏伟，气势大方，成为布朗族村寨的亮点。佛寺建筑出自本民族工匠之手，体现了布朗族人民的智慧和高超的建筑艺术。

## 二、交通习俗

布朗族地区居住多为山区，山道陡峭，人畜难行。新中国成立前，布朗族地区交通基础设施十分落后，只有崎岖的羊肠小道可供通行。但是，布朗族与各民族的经济社会交往又是很密切的，为了解决生产生活中行路难的问题，布朗族村寨每逢冬春农闲季节都要组织修桥补路活动。这些活动要在村寨头人的组织下靠全村人团结合作进行。

凡山路过河遇水的地方一般都要搭设木桥。桥的构造极其简单。有的是将一棵大树砍倒，砍平一面作独木桥，有的是用数块木板拼合搭成的木桥。这种桥只供人走，牲畜只能在桥下蹚水而过。在河宽水深的地方，就要用坚石和木料搭成大桥。这样的大桥，上面还要盖一些凉亭，两侧设有栏杆和座位，供行人休息和遮风避雨。

布朗族的交通习俗还有一个特点，通往村寨外的几条主干道都设有寨门，有用活动的木栓做成的开关，行人进出随时可以开关大门，这样做的目的主要是防止牲畜外出糟蹋庄稼。

在离布朗族村寨不远的一些地方，布朗人还建有一些凉亭，与桥上的凉亭一样，亭内置有长凳，供行人乘凉。外村的客人进寨时，往往要在这些凉亭里休息一下，顺便整理一下装束，表示对村里主人的尊敬。

新中国成立后，布朗族地区的交通基础设施建设发生了巨大的变化，公路先后开通到乡村。现在，布朗族村寨基本实现村村通公路。

## 三、饮食习俗

布朗族多以稻米为主要粮食，辅以小麦、荞麦、黄豆、豌豆、小红米等副食品。在缺粮季节还采集野菜、野山薯等充饥。人们一般日食三餐。蔬菜种类较多，有小白菜、冬瓜、南瓜、茄子、辣椒、韭菜、番茄等。

布朗族食用多种野菜，最常见的有甜竹笋、苦笋、芹菜、酸芹菜、蕨菜、水香菜、苦凉菜、芭蕉花和芭蕉芯等四十余种，另外还有香菇、木耳、白参、鸡枞、火烧菌、红菌、白菌等十余种食用菌。

烹调方法主要有煮、炒、烧、烘烤、腌、舂、凉拌等。使用的佐料主要有盐巴、辣椒、韭菜、大蒜、姜、葱、芫荽、薄荷、香菜、臭菜、野花椒、香茅草等。

布朗族无论贫富，一日三餐，用篾盘盛饭，或用芭蕉叶放在小篾

桌上，把食品倒在芭蕉叶上，全家围坐在一起吃。

**玉米是布朗族地区的主粮**

布朗族人喜欢吃酸性食物，竹笋、青菜、萝卜、酸果、肉都可以用来腌制酸性食品。其中，酸笋、酸菜是平时待客的佳肴。

腌酸笋的季节是春秋两季，当竹笋发出嫩芽，长出约30厘米高时，便可连根砍下，剥去笋壳，切成笋丝或笋片，放于陶罐中，撒上一些盐巴，置于火塘边烘烤数日，酸味即出。酸笋丝可以炒肉或是煮肉汤、鸡汤，其味鲜美，并带有酸甜味。如果腌干笋丝，则把腌好的酸笋从罐中取出，倾倒在簸箕中，在阳光下晒干后再储存起来，这样，不易发霉。这种干笋丝多用于煮酸辣汤，可以开胃，增进食欲。若制酸笋片，即把甜竹或龙竹嫩笋切成巴掌大，暴晒数日，便成笋片。吃时再切成笋丝。腌酸菜，是将青菜晒干、洗净，揉成团，切成短条状，放入腌菜罐内，兑上凉开水，不放盐巴，数日即可食用。如果是腌干菜，则不兑开水，放些盐巴、花椒、辣椒等佐料，再放入腌菜罐内密封数月，才可食用。酸腌菜可生吃，也可炒肉或煮酸菜汤，气味酸甜。

腌酸肉是布朗族的特殊食品，多在寒冬腊月天气冷时腌制。制作方法是将猪头肉或猪肉切成小块，用盐巴、花椒、辣椒、白酒作佐料，以猪血用手搓揉，再放入土罐内密封，半年即可食用。

糯食是布朗人喜爱的食品，由于糯米产量少，所以只有节庆时才能吃到糯食。糯米黄花饭是布朗族喜爱制作的食品。制作时，先把糯米煮成半熟，倒于簸箕中，趁热拌以红糖水和黄花汁，再用木甑蒸熟即可食用。

布朗族的生食是颇有特点的，特别是“剁生”，是其民族传统的饮食，自明清以来一直传承不衰。“剁生”的原料是选猪瘦肉或里脊肉，将肉剁细，俗称“水生”。吃时拌以猪血，取橄榄树皮捣成粉末，用淘米水去其涩味，再放酸木瓜水使肉浸透，然后放上盐巴、生姜、辣椒粉、花椒粉、味精、芫荽等佐料，进行搅拌，即可生吃。如果是吃“熟生”，将拌好的“剁生”煮熟即可。“剁生”，酸、香、辣、色味俱全，是过年和喜庆佳节待客的佳肴。

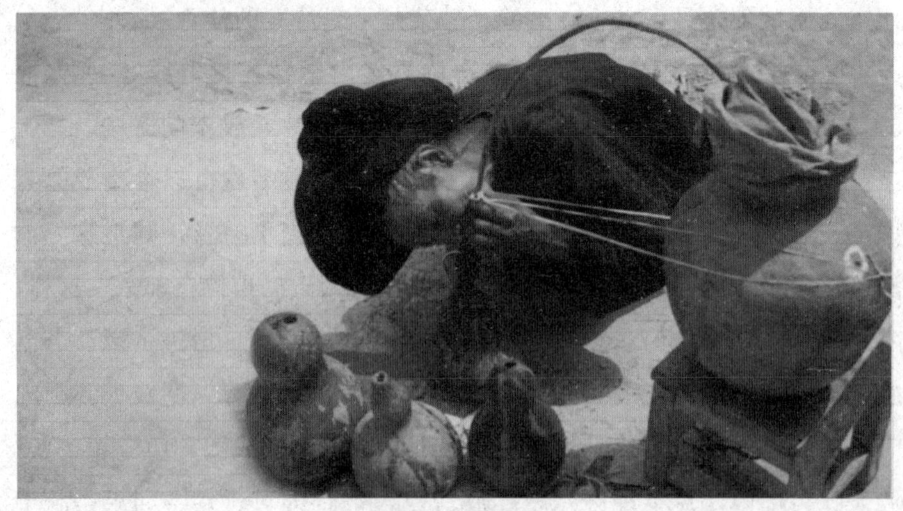

滤水酒的布朗族老人

鸡肉烂饭，是布朗族待客的上等佳肴，因加工鸡肉的方式和程序不同而分为手撕鸡肉烂饭和刀剁鸡肉烂饭两种。其原料为大米、鸡肉、茴香、薄荷、香蓼、阿佤芫荽以及花椒面、草果面、辣椒面、盐巴、味精等佐料。其做法是将宰杀好的鸡洗净置于砂锅内煮熟，并用手撕碎或者用刀剁碎待用，选上好的大米或糯米淘干净入锅内加大火煮烂，然后放入加工好的鸡肉和其他各种佐料即成。布朗族鸡肉烂饭具有味辣香鲜的特点，十分可口。

“骨头生”就是把猪肋骨细砍细剁，拌上盐、香料，用粽叶包成一个个小包，放在瓶罐中腌制，常作为馈赠亲友的礼品。

布朗族善于捕鼠，也喜食鼠肉。鼠肉干是迎亲时不可缺少的聘礼之一。食用时，以火烘烤至熟透，拌以调料食用，有时也作为正菜上桌。

布朗族的饮料主要是茶和酒。茶多烘烤后冲泡。酒，多为水酒、白酒。

布朗族男女均喜吸烟，自种自用，称为兰烟。现在，青年妇女多数不吸烟，男性青年也多吸纸烟。

布朗族有许多传统的饮食礼仪和禁忌。布朗族崇尚尊老爱幼的传统美德。吃饭一般靠近火塘里侧的地方，家里有老人的有时跟全家人同桌吃饭，有时则另外摆一小桌单独吃。若是大家同桌吃饭，儿女们要把好的饭菜都摆在老人面前，每样菜必须等老人先品尝一口后，其他人才能够跟着夹菜，有什么好吃的东西，一家人你推我让。在这样的饮食气氛下，即便只是粗茶淡饭，大家也会觉得津津有味。

已分家另立户的子女，每逢节日都要给父母做些好菜送去，或是请老人到自己家中就餐。平时外出劳动获得好吃的东西或是家里杀鸡时也忘不了给父母送去一份。

布朗族热情好客，每当家里来客人，不论是熟人还是新朋友，都力求以酒肉款待，并特意做几样布朗族风味小菜来招待客人，若是赶上主人家捕获到猎物时，客人定能饱食野味，久久用餐。如果来客人数多，就餐时只有男主人陪客人吃饭，其他成员则另摆一桌饭菜吃。

许多布朗族地区都喜欢吃田螺，但忌用田螺招待客人，因为给客人吃田螺含有“断交”的意思，也就是说，谁家用田螺招待客人，那么这批客人今后绝不会再踏入这家人的门槛，交情也到此为止。

## 四、服饰习俗

现代布朗族的服饰不仅与古代濮人的服饰大不相同，而且，各地的布朗族的服饰差异也很大。

传统的布朗族少女服饰

居住在西双版纳和澜沧一带的布朗族妇女，喜着圆领对襟的白布或粉蓝布短衫，双襟在胸前交合后，再把双条带在左腋下打个活扣，衣角两边各悬挂一条飘带，随时可把短衫系紧。已婚的妇女喜欢穿黑布或青布短衫，内衣着鲜艳条纹的花布贴身夹衫。下身着两层筒裙，内层是白布裙，外层是黑底红色横条纹的花裙，下摆镶一道黑布或蓝布边。小腿缠白布裹腿，头缠黑色或青色包头巾。姑娘留长发，妇女则梳发髻，上插一根银簪针，针顶

端镶嵌三颗棱形透明的玻璃珠，下系一条银链，吊着多角形的小银片、小银铃等。两耳戴银耳环，下垂至肩。年轻的姑娘，两只手臂还箍着一对银手镯，发髻上插着几朵美丽的鲜花，显得婀娜多姿，十分秀丽。

墨江、双江、永德等地的布朗族妇女的装束，大体与西双版纳地区妇女的着装相近。只是爱美的姑娘还在腰带右边吊一条用丝线织成的长 4 厘米的红穗，这是小姑娘特有的装饰品，也是将来赠送给心爱的小伙子作为系弦琴带的爱情信物。已婚妇女应取去红穗，不再佩戴，头部挽发髻，内层用白毛巾包裹，外层再套一条长丈余的青布包头，折叠成波浪状。如果是少女，包头外还要罩一条白毛巾。

墨江布朗族妇女只着一条长裙，腰部系一块长围腰，以白布滚边，宽约 9 厘米。大面襟两边各吊一条彩色穗，长达腿部，头髻缠一条青布大包头。两耳戴银圈耳坠，双手戴银手镯。

现代布朗族少女服饰

施甸布朗族妇女喜欢穿漂白布或土蓝布缝制的高领、长袖、大面斜襟的上衣，袖沿镶红绿花布横条。高领还绣着精美的花纹图案，衣领系一条用十余个银泡镶嵌的颈项带，颈项前别一朵精致银花。

斜面襟上领和袖口镶贴红、蓝、白三色花边。外罩一件花布对襟短褂，褂襟各边镶钉 15～20 对银币小纽扣，在圆领两边各吊一条银链，分别串着银针筒和挖耳的银器作为装饰品。胸前系青布围腰，滚白布边，长达膝部。下身着青布长裤，裤脚肥大，扎青布裹腿。挽发髻，头缠两块 3 米多长的青布包头，折叠成三角状，包头外扎一条彩色玻璃珠穗，接合部插一朵白绒球，包头前额留一撮刘海发型。少女喜欢戴银器装饰品，银器有银头链、银扣、银项链、银耳坠、银手镯、银戒指、银锁等，其中，银手链长达 50～70 厘米，可以缠戴在手腕上。足蹬绣花布鞋。走起路来，叮当作响，十分端庄雅致。布朗族有自己的银匠，但为数不多，所用银饰除少部分是请本民族银匠打制外，大都是向坝区的傣族购买。

男子的装束，各地布朗族大体一致。上身穿黑布或青布的圆领、长袖的对襟或大面襟，口袋内贴，下身宽裤，肩挎挂包。老人头戴青布大包头；儿童剃光头，戴瓜布小帽；青少年留短发，喜戴洋毡帽，帽檐还插几朵鲜花，腰挎长刀、挂包，显得英武潇洒。过去，布朗族缝制衣物的布料，一部分是依靠自己种棉花纺线织布，大部分仍是向傣族购买或用实物交换，现在均是购买机织布料做衣物，只有一些老年人还喜欢穿手工纺织的

布朗族男子服饰

土布。布朗族有自己的裁缝师，过去只能用手工缝制衣物，现在已普遍使用缝纫机，生活富裕的人家，首先考虑的就是添置一台缝纫机。

从前，布朗族不兴穿鞋子，外出劳动或上山打猎时也是打赤脚。雨天为防泥滑，一些老人喜欢穿自制的竹屐或木屐。竹（木）屐制作极为简单，先砍来一节竹筒，破成两半，把表面削平，底部砍成弧形状，然后在平面上打两个小孔，穿上麻绳、篾绳或布带，穿的时候用大拇指和食指夹着绳带即可，易穿易脱，十分方便。随着时代的发展和社会的变化，布朗族已经都穿上市场上卖的鞋子，现在，这种木屐已经再也看不到了。

## 第三节　多姿多彩的文化

### 一、民间文学

布朗族的民间文学有民歌、神话、故事、传说等，以质朴健康的思想内容，瑰丽多姿的艺术形象，反映了本民族特有的生活、风俗和心理特征。

**（一）民歌**

民歌，布朗语称为“亢”，歌手叫“章亢”。布朗民歌总称为“布朗调”，包括十余种曲调。最基本的有“甩”、“宰”、“索”、“甚”四种曲调。“甩”，通常是在喜庆时唱的。“宰”，常在孤寂忧伤时为抒发感情而唱。这两种曲调音韵舒缓幽婉而低沉，虽是抒情，亦可叙事。“索”，音韵激越嘹亮，用小三弦伴奏。多用来歌唱热烈的爱情。“甚”，在盛大的场合跳舞时唱，多用于唱颂歌、仪式歌。布朗人有对歌的习俗，逢年过节，或遇有重大喜事，歌手们摊席而坐，彼来此往，一问一答，各显身手。往往通宵达旦甚至持续数日。歌词常常是即兴而作。

民歌是时代的镜子。新中国成立后，党的阳光普照着布朗山，布朗人民用多种艺术手法，创作出许许多多新民歌，歌颂社会主义和伟大的中国共产党。这些充满着无限深情的民歌真实地反映了布朗人民在党的领导下，翻身做主、改天换地的风貌。

唱山歌的布朗族少女

布朗民歌主要有仪式歌、情歌、颂歌、叙事歌等。

1. 仪式歌。

歌舞与布朗人的生活有着紧密的联系，凡有社会性的重大活动，他们都要举行仪式。就以劳动生产为例，从选地、砍地、下种、薅草到收割、入仓每个生产环节都要祭祀。祭词是用诗的语言和歌的形式表达出来的。因此，祭词即是优美的文学作品。布朗人的规矩是，打“米卦”选地。选定后由宗教主持者“布占”和村寨头人“召曼”去地里砍两棵树，并叫魂，口中念唱：“好日子、谷丰收。”然后择吉日，全寨在同一天确地。出发前，村寨总头格旁献给召曼一对蜡条，召曼接过便向氏族神“胎管”祈祷，并唱道：

召王、召千啊，
请接受我们的诚心。
我们要开地了，请保佑我们：

不被老虎咬，不被刀砍着！

各家各户确地前，取一对蜡条、一包饭菜祭祀村社之神“代洼那曼”，同时唱道：

我们是召王、召千的奴隶，
为吃饭来这里开地。
召王、召千给了我们种地权利，
大鬼小鬼请搬到别的地方去！
代洼么、代洼那哟，
我们砍不倒的树，请帮我们掀倒；
我们烧不透的地，请帮我们烧透；
如果火烧过界，请在地边帮我们扑灭火头。
我们期待呵，期待着少种多收。

2. 情歌。

情歌在布朗族民歌中占相当大的比重。布朗族小伙子有“串姑娘”的习俗。当夜幕降临、山寨静寂，男青年便来到女青年的竹楼阁，边拨响铮铮的小三弦，边吟唱娓娓动听的情歌。甜睡的姑娘醒来，点亮了灯，点燃了火塘里的火，然后很有礼貌地把小伙子请进屋来，以茶、烟招待。在“串姑娘”的时间里，双方逗乐取笑，唱起情歌。情歌有独唱、对唱，还有用傣文写成诗作为情书传递的。为了让自己的诗歌打动对方，或者在对歌时能敏捷地回答对方，布朗青年就不得不专心学习和刻意创作情歌。于是，他们便从神话、传说、故事、祭词等中去吸取知识，创作出细腻入微、比喻贴切新鲜的情诗来。这些情诗是布朗青年真实感情的记录。

过去，布朗族青年虽然在恋爱婚姻方面比较自由，但黑暗的旧社会给予他们的往往是爱情上的悲剧。因此，他们在情歌中唱道：

啊，姑娘，你像飘忽的彩云。
早上，你对我投来忧伤的目光，
我追出来不知你消失在何方。
我俩的爱情像在竹尖上，
时刻经受着暴雨狂风的侵伤……
穿过浓雾寻到“沙拉房”，
终于找到心爱姑娘。
你见我愁云满面，
我见你满腹悲伤。

版纳西定的布朗青年在跳“板典”（蜡条舞）时要唱情歌，下面是一节反映布朗女青年对爱情真挚、热烈而执著的情歌：

假如哥死了变蜡条，
妹妹呵死后变成水；
假如哥死了变成田，
妹妹死了要变成谷；
假如哥死了变成水，
妹死后要变成鱼；
假如哥死了变大树，
妹死后变葛藤把大树缠；
假如哥死了变莲花呵，
妹死后要变成蜜蜂飞绕花。

新中国成立以后，社会主义给布朗人民带来了光明，情歌也注入了新的感情和新风尚。如《阿哥要到红色的北京城学习》里唱道：

男：阿妹哟！
阿哥明天就要离开你，
去那红色的京城，
三秋五载去学习，
不知你以后，
跟谁家的哥哥又把情歌唱？
女：明圆的月亮忽然暗淡，
阿哥的话伤了妹的心。
阿哥啊！
你要去红色的京城，
学习那知识和本领，
阿妹深深把你爱慕。
可是啊！
金山银山好花开，
阿哥，怕你把别的花儿采。
男：阿妹哟！
好情好义叫哥怎么丢得了，
还有哪朵花儿能诱去阿哥的心。
可是啊！
花儿盛开有时节，
阿哥我一去三五年，
耽误了阿妹青春我心不安。
女：阿哥的情意妹心上记，

好心的人儿妹忘不了。
阿哥啊！
妹的情意不虚假，
实心实意像实心树。
真诚的心意阿哥你可要知道。
只要阿哥不往别处想，
九年十载阿妹我真心等待你。
男：蜂蜜甜啊冲得淡，
恩爱的我俩分不开。
阿妹哟！
十五的月亮明又圆，
你的心比十五圆月更明亮。
阿哥我此去不变心，
为了建设咱布朗人的新生活，
我一定早起晚睡好好学习。
……

3. 颂歌。

新中国成立后，新的生活、新的人物，使布朗族文学产生了新的主题、新的形式、新的格调。布朗族歌手在音韵激越嘹亮的民歌“索”的基础上，创造出“索宽”的曲调，用来歌颂共产党、歌颂社会主义新生活。如《我们的布朗山》：

布朗山哟！
以前，遍地听到痛苦的哭声。
国民党反动统治，

民族团结被破坏，
常打冤家相互残杀，
整得我们布朗族好惨呀！
布朗山哟！
以前的苦说不完。
自从来了共产党，
领导我们团结搞生产，
解放军保卫我们的好日子，
政府派来了慰问团。
日子一天好比一天，
光辉的民族政策，
照亮了我们布朗山。

4. 叙事歌。

在布朗民间文学中，叙事歌也是较多的，如《谷子的来历》：

古老年代事儿稀奇，
那时候布朗族不会栽种谷子。
谷子哪儿来？
谷子自已会飞来。
谷子有多大？
有的如南瓜，
有的似鸡蛋。
只要人盖起仓房，
谷子就飞来住下。
有个老寡妇，

来不及盖仓房，
她拿起大棍子，
把谷子劈成两半，
她拿起小棍子，
把谷子劈成碎粒。
谷子伤心啊，
飞到海上，
变成金鱼，
钻进海底。
过了若干年，
有人捕得金鱼，
怎么？金鱼刹时变成了老太婆。
呵，原来她是谷神牙班豪，
牙班豪把被敲碎的谷子撒进田地，
所以现在的谷子是细粒细粒的。

著名的还有《猎人和小鹿》：从前有个猎人，是狩猎的好手。有一天他打回了一只小麂子，第二天又上山出猎。没想到麂子娘正在山上一边哀哭一边唱：

我的孩儿你为什么这样命苦！
你秋天出世刚刚过了冬天，
你还没有尝到新春的嫩草，
你还没见过秋天的橄榄。
你呀，我可怜的孩儿，
就被狠心的猎人宰杀……

叙事歌唱到猎人后来痛悔，决心不再杀生。

**（二）神话**

布朗族的神话有散文和韵文两种文体。散文以讲的形式叙述；韵文以唱的形式叙述，丰富多彩，优美动人。其内容主要有关于创世说，人类起源说，人类与大自然搏斗的射日故事等。

在神话故事里，最完整、最生动的是《顾米亚》。故事讲：很久很久以前，宇宙间没有天和地，到处是一团团黑沉沉的、飘来飘去的云雾。有一头巨大的犀牛与云为友，与雾作伴，在无限的空间自由地遨游。神巨人顾米亚和他的十二个孩子剥下它的皮做成天，用美丽的云彩给天做衣裳；挖下它的两只眼睛做成星星，让它们在天上闪闪发光；又把犀牛肉做成地，把犀牛骨头变成石头；把犀牛血变成水；把犀牛尾巴变成各种花草树木；最后他们把犀牛的脑浆变成人，把犀牛的骨髓变成各种鸟、兽、虫、鱼。

从创作手法上来讲，神话往往运用“伏笔”，为后面情节的展开作铺垫。如天悬在上，地悬在下，不保险。于是顾米亚变犀牛的四腿为柱子托住天，又抓一条大鳌鱼托住地（因此有地震是鳌鱼活动之说）。这样一来，天稳当了，地牢固了。天上布满了美丽的云彩、亮晶晶的星星，地上的人们愉快地劳动着，小鸟在空中飞翔，蜜蜂在花丛中歌唱，黄麂在山坡上奔跑，鱼儿在水里游玩……这广阔的天地多么可爱啊！顾米亚和他的孩子们笑了。

天和地形成了，这个美好的世界到处是一派生机勃勃的景象。看到这里真是令人心旷神怡。但是：不幸的事情来了，向来与顾米亚作对的太阳九姊妹和月亮十弟兄，仇视顾米亚的成功，他们一齐来到顾米亚开辟的天地间，集中了热力，放射出暴烈的光，晒呀晒，想毁灭这大地上的一切。

美丽的云彩变了颜色，亮晶晶的星星失去了光彩，土地干得裂了缝，庄稼枯死了，鱼的舌头被晒化了，蛇的脚和青蛙的尾巴也被晒掉了（所以现在螃蟹没了头，鱼没有舌头，蛇没了脚，青蛙也没了尾巴）。

顾米亚是天下无敌的英雄。他发誓："不打掉你们（指多余的太阳和月亮），就不算开天辟地的好汉"！他踏着像炉里的铁块一样滚烫的石头，渡过像热锅里沸腾着的河水，汗水像雨一样地流着，历尽千辛万苦，终于爬上了最高的一座山峰……还没有来得及揩一把汗，喘一口气，就拉弓搭箭，对准太阳射去。直到天上只剩下一个太阳和一个月亮，顾米亚才得胜而归。

人们正在为顾米亚的胜利而欢欣鼓舞、拍手称快的时候，又突然跌入失望和忧虑的深渊：原来剩下的那个太阳和月亮由于害怕顾米亚的利箭而躲藏起来，天地间变得一片黑暗。于是顾米亚便派燕子去打听太阳和月亮的下落。然后由公鸡和野猪带领百鸟和百兽去恳请在东边——天地最边缘的一个大石洞里成了夫妻的太阳和月亮出来。但日月夫妻说，它们宁肯饿死在洞中也不愿走出。于是，由公鸡做保证，每天它叫，说明没有危险，太阳和月亮就可以出来（所以，现在哪只公鸡不叫，人们就要把它宰掉）。这样，太阳、月亮出来了。太阳照到山坡上，百兽出来奔跑了；太阳照到森林里，百鸟出来唱歌了；太阳照到河水里，鱼儿出来游泳了；太阳照着老大爹，老大爹出来修犁耙了；太阳照着老大妈，老大妈出来纺线了；太阳照着小伙子，小伙子下田干活了；太阳照着小姑娘，小姑娘上山砍柴了；太阳照着小娃娃，小娃娃出来放牛了……世界恢复了原貌，生活恢复了平静。地上又展现了喜人的景象。一切又都有了生命、欢乐和希望。这可爱的天地啊，更加可爱了。

《顾米亚》故事完整，情节曲折。它张开想象的彩翼，进行大胆的夸张，使故事情节跌宕起伏、奇伟瑰丽。它塑造了顾米亚这一具有超

群智慧和力量的英雄形象，充满了浓烈而迷人的浪漫色彩。

故事既包括了布朗人对天地的来源、自然物质的来源、人类的来源的观念，又是布朗先民所处社会历史的反映。它告诉我们，布朗先民们曾在远古时期遭遇过酷烈的旱灾，但他们没有屈服，而是和灾害进行了坚决的斗争。顾米亚是这一斗争中的典型形象，他体现着布朗先民们战胜自然、建设美好生活的愿望。

布朗族有许多关于人祖的神话。有一则神话中说道：一男削木为女，与之婚配、繁衍人口，形成今日布朗族。又有一则神话说，过去有一只大葫芦，里面装着很多人，但葫芦口是封闭着的。一天，飞来了一只大天鹅，啄开了葫芦口，人们才走出来，分散到各个地方去建立寨子。所以，今天才有村寨，才有布朗族、傣族……另一个故事讲，汉族是在洪水中随葫芦漂来的，因为葫芦子很多，所以汉人很多。

有些神话是以布朗人的图腾崇拜为题材的，著名的有《岩洛卜我》。

对大自然一些奇异现象的解释，布朗先民也创造了很多质朴、天真、有趣的神话故事。如对日食和月食的解释：太阳、月亮和蛤蟆是弟兄，吃饭的时候经常吵架，两个哥哥都欺负弟弟，用筷子和勺打他。因此，老三全身变黑（布朗语勺和黑同音）。老三变黑后，觉得无面与世人共居，决定到海里去住，走过去对两个哥哥说："你俩把我打成这样儿，我不好意思和大家住在一起了，我要到远离大家的海里去住，这并不是我怕你们俩，以后只要有机会，就要在世人面前丢你俩的脸。"就这样蛤蟆到海里住去了。以后他就找日最红、月最圆的那一天出来践行自己的誓言：他张开大嘴，一口把太阳或月亮吞进肚子里，然后又慢慢地吐出来。它这样做，一方面是要告诉世人，他的两个哥哥都是无仁义之人。另一方面，他要告诉世人，并非他打不过两个哥哥，如果他愿意的话，是完全可以把他们一口吞掉的。

这个故事说明，因为兄长的不仁义，造成了兄弟之间永世的怨仇，劝人以之为戒。现今布朗人是十分忌讳用勺、筷打人的，尤其是兄弟之间。

**（三）故事**

布朗族的民间故事也是十分丰富的。既有关于同情孤儿、同情弱者的故事，也有机智人物的故事以及动植物故事等。同情弱者，惩恶扬善是布朗人的传统道德观念，大量的民间故事都反映了这一观念。

《寡妇儿子和鱼姑娘》讲道：从前有母子两人，十分善良，但是很穷，而且母亲已双目失明。一天，儿子去打鱼，回到家后发现有一条鱼还活着。母亲叫他拿个大缸养起来，小伙子照办了。有一天小伙子准备回家做饭，可一进灶房就惊愕不已，锅里香喷喷的饭菜早已做好。是谁做的呢？母子俩纳闷了。

第二天小伙子照常去干活，待收工回家一看，情况亦如昨日。

第三天、第四天……一个月过去了，天天如此。

小伙子想了个主意，决定解开这个谜。

吃过早饭，他扛起工具照常出工，但半路又悄悄返回，他躲在外面从墙缝里窥视着灶房内的动静。当骄阳西斜，水缸内突然钻出个美丽的姑娘来。她先生火，后做饭，做完饭菜又钻进缸内消失了。小伙子明白了，心里又惊又喜。

翌日，他虚关了灶房门，佯装干活去了，但一如昨日，半路返回。

午过，姑娘又出来了，小伙子趁她埋头做饭之时，猛然推门而入，先拿了鱼壳。然后对姑娘千恩万谢，并向她求婚，态度十分恳切。姑娘说："你虽穷，却很善良，又会待母亲。我也十分感激你救我一命。"姑娘应允，嫁给了小伙子，夫妻相亲相爱，勤俭持家，日子渐渐好了起来。

这个故事寄托了布朗人民对穷苦人的同情以及在生活中扶弱救贫

的美好愿望。同时，它还宣扬了“善有善报”的朴素思想。

《岩章莱》是一组十分有趣的机智人物故事。岩章莱以机智、善“莱”（莱，布朗语义近于耍弄、哄骗之间，一般用作动词）闻名。土司是个大笨蛋，不懂何为“莱”，很想看一看。他命人把岩章莱叫来，说：“岩章莱，听说你有‘莱’的本事，我想看一看你是怎么‘莱’的，我命令你立即‘莱’给我看一看。”岩章莱皱了皱眉头，回答：“我倒很想‘莱’给老爷看看的，可是这屋里‘莱’不成啊!”土司问：“那哪儿能‘莱’呢?”岩章莱答：“得在大路上!”土司看“莱”心切，立刻答应到大路上去。

他们来到大路上，土司焦急地说：“你快‘莱’呀，已经到大路上啦!”这时，前面不远处有一小堆干牛粪，岩章莱向牛粪走去，土司紧跟着，岩章莱在牛粪边停住，指着牛粪说：“老爷，这里有牛粪，‘莱’不成了。”土司连忙说：“这不碍事儿，这不碍事儿!”边说边把牛粪扒开了。岩章莱对土司说：“我已经把你‘莱’了。”土司莫名其妙：“你什么时候‘莱’的，我怎么没看见呢?”岩章莱答道：“刚刚‘莱’完的呀！老爷，您是土司老爷，我是平民百姓，您居然为我扒开了牛粪，这就是‘莱’。”

又一则：一次，土司给岩章莱送信：“命你明天来见我”！连叫三次他才去。土司怒问他为何不来。他说：“你叫我明天来。‘明天’，每天的第二天都是明天，我晓得你叫我哪个‘明天’呀?”土司无言以对。

《岩章莱》是由笑话、趣闻、讽刺等许多故事组成的，有很多鞭笞统治者，批判坏人坏事，讽刺贪婪、懒惰等的内容，是一组富有幽默感、带有趣味性的民间文学作品。

布朗族的动植物故事也十分精彩。

《鹭鸶和猫》短小、精练，质朴而又寓意深刻。鹭鸶和猫是邻居，有一次它要猫替它看守孩子。猫残忍地把它的孩子吃掉了。鹭鸶妈妈悲痛欲绝，决心找强者申冤。去找太阳，太阳说："雾能遮住我。它比我强，找它吧！"找雾，雾说："风能吹散我，找它吧！"找风，风说："我吹不倒谷堆。"找谷堆，谷堆说："水牛能用角挑烂我。"找水牛，水牛说："藤子能拴住我。"找藤子，藤子说："老鼠能咬断我。"找老鼠，老鼠战战兢兢地说："世界上我最怕的是猫。"鹭鸶妈妈有冤无处申，有仇无法报，只好搬到离猫远远的河边住去了。

这个故事乍看起来似乎描写的是自然物之间相互制约的关系。其实，如果这样简单地去理解它，那就从根本上歪曲了它的真实思想。故事揭露了弱者被欺凌、被蹂躏的现实，赋予弱者同情和怜悯，为其鸣冤，诅咒不合理的社会。布朗族在历史上长期处于弱小的地位，这个故事在很大意义上反映了该民族的心理状态。

**（四）传说**

布朗族传说的产生稍晚于布朗族神话。在布朗族的远古社会已经产生了传说这种口头文学。在古代社会，随着人们活动范围的扩大，社会生活的扩展，思维能力的提高，历史的变迁，产生越来越多的传说。

布朗族传说继承了布朗族神话借用幻想反映现实的浪漫主义传统，但在思想内容和艺术形式上又有新的发展。它或者讲述山川风物、风俗习惯的由来，或者记叙历史人物、历史事件，反映的内容广阔，与现实的关系密切。从情节上看，它比神话充实、完整。就语言说，它更加丰富生动。

1. 地方传说。

在地方传说中，解释山川、地名、名胜由来的传说是很普遍的。永德县娜淀河的传说塑造了一位美丽布朗族少女的形象。少女娜淀聪颖而又勇敢的眼睛特别有神，人们这样描写她的美丽："黑黝黝的白里

透红的脸特别逗人喜欢。她唱起歌来像画眉鸟一样。”这是正面描绘，还有侧面烘托：“小伙子们都说：‘哪个有本事把娜淀讨来做婆娘，只在世上活三天就够了。’”娜淀的美，不单美在脸上，更美在心里。她挑选丈夫必须是又聪明又勇敢的人，不计模样和财势。樵夫阿坎凭着对娜淀深沉的爱和自己的聪明、勇敢，终于做到娜淀提出的条件：设计让娜淀居住的寨子里的人自己砍掉紧密护寨的梅漂竹，不伤害一个人就攻下寨子。娜淀与阿坎成为恩爱的夫妻。山里的老妖怪带领喽啰在夜间来攻寨。阿坎和娜淀掩护寨里的乡亲逃走，终因寡不敌众，阿坎被杀，老妖怪逼娜淀为妻。娜淀用计打开桎梏，骑上家养的大白马，猛冲出去，撞死大小妖怪，跃进了大河。人们永远怀念为民除害的娜淀，把这条河取名为娜淀洲。

2. 动植物传说和土特产传说。

通过动物来展开情节的故事在远古时代就已经产生了，在远古社会，人与动物的关系已经十分密切了：因为他们既受到飞禽、走兽的侵袭，又猎取它们做食物；一方面与禽兽斗争，一方面又逐渐学会驯养它们。在与动物的密切接触中，慢慢地产生了动物故事。这时的动物故事，把人与动物混为一谈，把动物理解成像人一样有思想感情——喜怒哀乐和社会生活。布朗族先民在远古时期创作的一些简单的动物故事流传下来，在新的时期得到发展，同时又创作新的故事。

布朗族生活在云南省的南亚热带地区，那里是植物的王国、动物的乐园，关于动植物的传说和土特产传说相当多是很自然的。在布朗族的古代社会流传和创作的动植物故事大多是说明性的，即幻想动、植物的外貌或习性特征是怎样来的，对这些特征做些想象性的解释说明。

流传在勐海县巴达、西定一带的传说——《空肚子的“多多威”》解释知了（蝉）的肚子为什么是空的：在森林里，马丝金（大油瓜）

从藤子上掉下来，打碎了布朗人艾广龙背的土锅。艾广龙要油瓜赔。油瓜说不能怪它，是因为松鼠咬断了它的蒂。找松鼠，松鼠说是因为瓜蒂上的蚂蚁叮了它，它咬黑蚂蚁过猛才咬断瓜蒂的。找黑蚂蚁，黑蚂蚁说是因为野鸡扒塌了它们的窝才乱叮的。找野鸡，野鸡说是因为芝麻荚炸裂，芝麻飞进它的眼睛它才乱扑乱扒的。找芝麻荚，芝麻荚说是因为大冬瓜从山坡上滚下来它才被撞裂的。找冬瓜，冬瓜说是因为麂子乱跑，踩断它的蒂把，它才滚下山坡的。找麂子，麂子说是因为“多多威”（一种知了）飞来它的耳畔突然猛叫，它被吓得乱跑才踩断冬瓜蒂把的。找“多多威”，“多多威”说它吓麂子是为了开玩笑。大家一致责成知了赔偿艾广龙，知了赖着不赔，艾广龙生气，抓住知了的腰一捏，知了肚里的五脏喷了出来，从此知了的肚子就变得空空的了。每天晚上饿得直叫：“格龙妈热，格龙妈热!”从此，知了到处乱窜。这则传说采用了连环式的情节结构，一连串地表现了多种动植物的特征和特性，生动有趣。

3. 风俗传说。

双江县的布朗族习惯地把桑刊节称作堆沙节。之所以要堆沙，有两种说法。一种说法是：以前，布朗族和傣族敬佛，献的是糯米饭和猪肉，佛总是说吃不饱。而汉人献佛，在供饭中掺进沙子，佛却说吃饱了。以后，布朗族和傣族就在新年里堆沙，让佛吃饱。另一种说法是：堆沙是为了悼念被洪水淹死的乌鸦妈妈。这些传说反映了布朗族的美好愿望。因为桑刊节后是栽种的大忙季节，堆沙以祈求丰年，象征收获的稻谷如河沙一样数不清。

澜沧县文东乡的布朗族在每年农历六月中旬举行吃新米节，用新米和蟋蟀、甜笋、白鸡肉、韭菜同煮成粥，吃时先舀一碗喂狗。传说狗用尾巴从天宫偷回稻种，人们才有饭吃。

布朗族青年恋爱，有以花传情（花为媒）的习俗。这个习俗的由

来，有两种传说。一种是：一位猎人在林中碧池发现七位羽衣女沐浴嬉戏。翌日，他又来到林间，见七朵祥云从天边徐徐飘落池畔，褪去一层羽纱，变成七朵鲜花；再褪去一层羽纱，变成一个娇娃。他偷藏第七位姑娘的羽衣，用鲜花求婚。一种是：天神怕雅因的女儿变成金鹿，诱引她爱上樵夫，追进森林，倾诉衷肠。樵夫撷花定情。

4. 事物起源传说。

布朗族对于各种事物的起源都有自己优美的传说。

关于火的传说。其一：原始人从被雷击的森林里得到火种，但被大雨淋灭了，从哪里再得火种呢？他们从苍蝇搓脚得到启示，于是用石斧砍倒“格楞木”树，待干后，用石片与之急剧摩擦而得火。其二：一位布朗族勇士，走到天边，在松鼠帮助下，骗火魔，取得火种。

关于歌舞乐器的传说。打歌是滇西地区布朗族经常举行的歌舞活动。打歌是怎样起源的呢？施甸县有三个传说。第一个是：一位和尚会剪纸人作法，他把纸人压在木柜里。一天，他要去保山冉买桐油，告诫弟子勿开木柜。他走后，小和尚好奇，打开木柜，从中飞出许多纸人。和尚走到保山镇南数里的诸葛营，见纸人来到，即请雨神喷水，淋湿纸人，幸未酿成灾祸。官府追究，和尚诬称：纸人系濮曼阿家土司所造。官府派兵征剿阿家，阿家土司和百姓逃亡，改姓莽、蒋。老人提议，用打歌（跳乐）的方式聚集族人，号召族人起来反抗官家。第二个是：本族原籍“日老”（保山南门）阿家土司（濮满酋长）养了一匹龙马，后来生出一匹飞马。皇帝问：“你想要我给你什么？”阿家土司不会讲价钱，埋头抽烟。抽完烟，把“土头儿”（烟锅）往地下磕。这样磕了五六次，不开腔。皇后见状，说：“他是想要土地吧？”皇帝就封他为“伙头”，给他一块地盘：东至现在昌宁县的卡斯河，南至施甸县的勐波罗河，西至摆邑河，北至城里脚（现在保山县城的南门脚），在铜牌上镌了“四大至”。可是，皇帝得到宝马后，翻脸不认账，反而带兵来打土司，重新占了阿家的土地。阿家失去土地，无处栖身，向外逃亡。老人说："我们'打歌'吧，打'翻身歌'，日子会好起来。"他们于是打起歌来，但只是在暗地里打歌，怕的是皇帝晓得后查究。"打歌"的活动就这样在布朗族中传播开来。第三个是：皇帝与皇后打架，打到天堂。百姓去劝，反倒被杀。天公叫大家在地上打歌，唱跳，吹笛、箫、笙，弹弦。皇帝和皇后看见热闹，下凡来看，再也不打架了。

5. 人物传说。

布朗族古代社会的人物传说，有的是实有其人的，只是其事迹未必如传说那样，例如，诸葛亮南征，未到达滇西和滇南的布朗族地区，但却有关于他的传说；有的人物，由于布朗族没有文字，缺乏记载，像是历史人物，又不知是否真是历史人物，例如，底弄、艾楼；还有的人物在历史上只有依稀的影子，在传说中人民却塑造出一个活灵活现的典型来，例如美女朗三飘的传说。

关于朗三飘的传说，有《三尾螺》、《公主坟》等多种版本在布朗族地区广为流传。

民间口头传说《三尾螺》是讲美丽善良的布朗族姑娘朗三飘被傣族召片领（封建领主）强掳为妃，最后又遭遗弃并死于召片领刀下的故事。

在勐海县章朗寨流传着另一个朗三飘的故事，叫《空朗》（公主坟）。故事讲：有一位朗三飘，容颜绝美，她的美名传四乡，各地召勐都来抢夺她，年年混战。朗三飘说："为了免除百姓的痛苦，我宁愿离开人世。"她叫人在深山里修建一座巨大的地宫，住进后叫人用巨石关闭。群众与她相约，以拉动绳子为信号。如果需要什么，一拉绳子，老百姓便把东西送去。

朗三飘的故事是民族压迫的投影，它表达了布朗族人民渴望和平、

幸福的心愿。

6. 史事传说。

由于布朗族缺乏文字记载，布朗族的历史往往保存在传说中。而传说经过艺术加工，所以反映的史事多是大的脉络，很难确认是哪朝哪代的事实，尤其是早期的史事更是如此。

长期以来，布朗族与其他民族杂居，各民族和睦相处，互相合作。在有了阶级分化之后，部落或民族之间产生争夺和战争，逐渐出现民族压迫，而且愈演愈烈。布朗族古代社会的史事传说大量反映了这种历史内容。

《依梅传奇》是流传于凤庆县、昌宁县、施甸县的长篇传说。讲述明朝万历年间一位女豪杰的故事。

传说顺宁（凤庆）地方万山丛中有一座地势险峻、风景优美的琼英山。山中住着一群蒲满少女，耕织习武。她们的首领叫依梅，是一位妩媚秀丽、武艺高强的女侠。关于依梅的故事很多，像射虎救人，愤杀赃官……最为人传颂的是：万历十二年，邓子龙在施甸县姚关攀枝花设陷阱大败木疏王朝侵略军。勾结外敌入侵的岳凤及其子囊乌驱策战象烈马径直杀向顺宁城，顺宁危急。突然，一声锣响，杀出一支劲旅，就是依梅率领的布朗族农家少女。她们挥刀斩象鼻，众象负痛狂蹦胡窜，倒冲敌阵，敌军惊惶混乱。依梅挥军掩杀，大获全胜。

这个传说的最大成功是塑造了一位光彩照人的巾帼英雄形象。她浑身“野”气，具有鲜明的个性特征，因而栩栩如生，虎虎有生气。

## 二、民间歌舞

布朗族非常喜爱歌舞，其弹唱艺术也很有名。每逢结婚、盖新房、迁新居、过年过节或劳动之余，布朗族的年轻人都爱载歌载舞，兴味盎然。

在布朗山一带的布朗族歌曲主要分为索、宰、生、缀四个基本曲调。索调：用布朗族燕子琴伴奏，唱起来激越而抒情，富有青春的活力，一般用以歌唱青年男女热烈的爱情。宰调：这是一种对歌调，往往天南地北地对唱，唱生产、爱情、故事等，采取男女青年对唱的方式。生调：用布朗族燕子琴伴奏，一般是歌唱风俗、爱情和劳动的愉快。缀调：一般是在节日或喜庆时唱，唱历史、颂词，多歌颂历史上的英雄人物的事迹。其他一些地区的布朗族曲调还有民歌调、山歌调、打歌调、灯调和唢呐调等。民歌调简短有力，活泼轻快，唱时以葫芦笙伴奏。山歌调曲牌较多，主要是青年男女在山野劳动时对唱的。打歌调曲牌具有简短、轻快的特点。灯调，调子轻松愉快，节奏感强，多用二胡、布朗定伴奏。唢呐调，习惯上是双手同奏，当地布朗人称为“吹打”。布朗族人在唱歌跳舞时，可以根据不同的场合需要，选择不同的曲调即兴变换歌词的内容唱。布朗族人唱歌的形式主要有领唱、对唱和一唱众和几种。布朗族主要乐器有象脚鼓、锣、布朗定、葫芦笙以及蜂桶鼓等。

山魂水魄蜂桶鼓

20世纪50年代之后，由于国家尊重少数民族传统文化，布朗族的传统歌舞文化得到了完整的保留和较大的发展。出现了许多歌颂社会主义建设中的各种新生事物和发展成就的民歌，表达了对党和国家的热爱之情，如《布朗心向北京城》、《棉花丰收》、《美好的前程》、《深山淌来幸福泉》、《欢乐的布朗》等。在巴达、西定等地，这些新民歌在布朗族传统民歌曲调的基础上加以发展，将原曲平缓、低沉的基调加以改造，形成了热情、激越、蓬勃向上的新音乐风格，其节奏和旋律也更加抑扬顿挫，优美动听。20世纪80年代，布朗族群众创作的小歌剧《哦咪，我的妈妈》，其中的插曲均采用了布朗族传统曲调，受到了包括布朗族在内的云南各族群众的欢迎。

布朗族人常常将歌和舞紧密结合在一起。西双版纳布朗族男女青年流行跳一种圆圈舞，跳舞开始，姑娘们即围成一个圆圈，双膝微微地一起一伏，柔软的双手在肩两侧或前或后轻盈翻舞，边舞边向逆时针方向移动；同时，一群小伙子就在圈内做有节奏的虎步跳跃，少顷他们又分散到姑娘面前与姑娘轻声对唱，然后男青年们又聚拢，做虎步跳跃状。如此地反复循环多次，跳舞时，伴以象脚鼓、钹、布朗定等乐器。此外，还有蜂桶鼓舞、刀舞、采茶舞、猴舞、癞蛤蟆舞、蜡条舞等。蜂桶鼓舞是布朗族极富个性色彩和风格独具的舞蹈。这种舞蹈因以蜂桶鼓作为主要打击乐器，并将其直接作为跳舞的道具而得名。蜂桶鼓直径25～30厘米，高70～80厘米，以攀枝花树或柳树挖空树心，两端蒙上生牛皮制成，形似蜂桶。凡有重大活动，特别是年节喜庆之时，村民们就要跳起蜂桶鼓舞。跳舞时，舞者边舞边击打身上背的蜂桶鼓；其他伴奏乐器有象脚鼓、铓、钗等。原始的蜂桶鼓舞是排成单行围绕寨子的道路边跳边走，分为三步、五步两种。蜂桶鼓舞舞步刚健有力，鼓声及其他打击乐声音铿锵雄浑，整个场面壮观动人，有强烈的感染力。从舞蹈的舞步、舞姿到器乐的节拍动作，表现了布朗族人粗犷、豪爽、勇敢的性格。蜂桶鼓舞在布朗族生活中占有重要地位，年节喜庆离不开它，重大的祭祀离不开它，甚至战乱突起，奔赴前线也离不开它。不同的场景所跳的蜂桶鼓舞其风格和内容亦有所不同。祭祀活动中跳的蜂桶鼓舞，舞队绕寨子的大路缓缓而行，鼓声显得哀婉、凄楚，这是在追忆祖先不断迁徙所走过的路程，在向祖先祷告和诉说，他们的后代不曾忘记他们所经历的苦难。而面对今天的幸福生活，布朗族人更是通过蜂桶鼓舞尽情地抒发内心的喜悦和欢乐。

学生表演蜂桶鼓舞

墨江布朗人逢年过节或婚娶佳期都要举行“跳歌”的文娱活动。所谓“跳歌”就是又跳舞又唱歌的意思，因步法的不同又有“二则歌”和“三则歌”的区别。“三则歌”的跳法是大家围成一个圆圈，面部向着圈内，舞蹈开始先向右转，一个跟着一个向前移动六步，然后向后转身倒退三步，当退至第三步时屈膝，同时身稍后倾，挺胸挺腹，足跟提起，这样就算结束“三则歌”的第一轮全部舞蹈动作。以后再按

上述步态循环地跳下去。“二则歌”是向前六步，后退两步，其余动作与“三则歌”一致。跳舞时有乐器伴奏，由一人或数人弹着优美动人的布朗定曲调，舞蹈者随着音乐的旋律边舞边歌。新年到时，寨子的人事先发出通知，邀请外寨人来一起“跳歌”。期间也常有两寨人集体比赛唱歌，谁输了谁出猪头请客，在一阵生动诙谐的对唱以后，人们又继续“跳歌”，往往难解难分，通宵不散。

保山地区施甸县布朗人（濮满）在祭龙活动或结婚佳期都要举行“打歌”。“打歌”也是边唱歌边跳舞的意思。在“打歌”之前先要选出一个能歌善舞、善于交际的“打歌头”，由他主持歌舞晚会。届时，庭院中安置几张方桌，桌上陈设猪头、松子、葵花子、酒等东西。“打歌头”将猪头抬起，边唱边绕桌子三转，然后把猪头放在桌上，燃香三炷插于猪鼻上，众男女即在乐器声中翩翩起舞，边唱边跳“大翻身”、“小翻身”等舞蹈。伴奏乐器有芦笙、布朗定、竹笛等，众人在“打歌头”的带领下一直跳到东方发白，兴尽方散。

## 三、民间体育

布朗族人喜爱强身健体的各种体育活动，无论是青年人还是老年人都会出现在体育活动的各种场所中。布朗族的民间体育活动主要有以下一些项目：

### （一）武术

武术是布朗族最喜爱的体育活动。武术内容比较丰富，大都是表现生产劳动、野兽动作和人的自卫械斗动作。武术动作利索、刚健有力，充分体现了布朗族的勇敢精神。武术类型主要有以下几种：“真格尼”（猴拳），“真歪”（刀术），“真铁合易”（尖刀术），“真狂”（木棍术），“真狂多”（短棍术），“真麻冷生”（流星锤），“真木练”（铁链术），“真敢嘎”（癞蛤蟆拳），“真呆宋”（对打），“真日都舞”（刀棍术），“真色南永”（野兽拳），“真三孔”（钻三洞），“真四南”（捉迷藏）。

### （二）布朗球

布朗球是用竹篾编成一种空心的竹篾球，里面放一点草。玩时，参加的人聚到寨子中的空地上托球，像打排球一样，你托过来，我打过去，非常热闹。布朗球与东南亚一带流行的藤球很相似。

### （三）打歌

打歌是临沧、保山一带布朗族的一种主要文娱体育活动。无论讨亲嫁娶，还是新屋落成，都要进行打歌活动，众人参与，彻夜不停。这就是史书上所说的“长幼跳踏，吹芦笙为孔雀舞”的遗风。

### （四）打磨档秋

打磨档秋是布朗族年轻妇女喜爱的一种体育活动。在院坝空地上栽一根木桩，其顶端削尖，作为中轴，再将一棵6～7米的龙竹或圆木架在中轴上，使之能左右转动、上下升降。活动时人骑在龙竹的两端，两人或数人参与都行。骑在龙竹上的人使龙竹上下升降，以转动迅速而能持久者为胜。这种活动多半限于年轻妇女，男人和老人在一旁围观取乐。

### （五）打陀螺

打陀螺是布朗族的一种古老的体育运动。所谓“陀螺”，有“网手”、“绕钉”、“木刻”等，其中以“网手”最能体现特色。打陀螺有一定的组织形式和活动规则，有固定的活动场地，一般选择村寨中较为空旷的地方进行。

比赛时分甲乙两方，每方由七八人至数十人组成。由“老牙”、“二牙”、“小牙”形成双方骨干，队员由“老牙”挑选和自报。人员固定后，双方各选出强手一名作“熬列”的方式评定该谁家为“支方”或“打方”。所谓“支方”就是“输方”。“输方”按先后次序将陀螺旋转在地上，“打方”（即“赢方”）则依次将陀螺抛出去击撞对方的陀螺，以打中并“熬赢”为胜。从头到尾所有成员都打中目标而转不赢

的，唯“小牙”既打中而又转赢的谓之“小牛掌干”，同样为胜。反之，所有成员都击中目标而取胜，但“小牙”虽然击中目标而熬不赢对方者，则全盘皆输，这谓之“猫盖屎”。若支方一时难以取胜，“大牙”要重新调整阵容，适当改变位置，采取应变措施。若是输方转败为胜，全场就会欢呼雀跃。实力强大而又经常取胜的陀螺队，还被邀请到外村寨进行比赛。

**（六）爬竹竿**

布朗族男青年还喜爱竞赛运动。有一种爬竹竿竞赛活动，先将一根 20 米高的竹竿栽于地面，竿顶悬挂一个锦囊荷包，荷包内装有谷物种子、银器等物为奖品。再在竹竿上涂上一层猪油，滑腻难上。比赛开始，参赛者在距竹竿 10 米远处站成一排，一声令下，大家以最快速度跑到竹竿下攀爬竹竿，以先爬到竿顶取下荷包者为优胜。

## 四、民间工艺

布朗族人在长期的生产实践中，与其他民族密切交往，学会了竹器编织、纺织染色、房屋建筑等各种技能。在自给自足的自然经济下，为创造和发展本民族的手工艺作出贡献。

布朗族的手工艺，是在农闲时进行的，尚未脱离农业生产而单独存在，产品多自用或是以物易物交换，很少在市场上出售。

竹器编织。布朗族人民居住的地区，盛产竹子和藤篾，这给编织竹器、篾器提供了材料来源。布朗族多数成年男子都会编织各种背篓、花篮、篾桌、簸箕、筛子、篾笆、竹席等竹器，也有一些老人会编织一些精致的小篾饭盒、小篾贡盘、针线盒等。

纺织与染色。男耕女织是农耕时代布朗族的生活写照。耕地的犁铧和织布的腰机是布朗人家必备的生产、生活工具。犁铧和腰机陪伴了布朗人家几个世纪，直到今天人们都还在用着。

布朗族纺织

布朗族是心灵手巧的民族，这反映在他们精湛的纺织技术中。在布朗文化中，纺织文化是最为传统和核心的组成部分之一。在双江自治县邦丙乡的邦丙村，现在仍能演绎自唐宋时期就有较高水平的纺织工艺。走进这个地处大山的布朗族村寨，人们会发现，至今大多数家庭都还保留着整套性能齐全的老式纺织工具：轧棉机、纺线机、织布机。今天他们依然保留着自己种棉花、自己纺线织布、自己制作衣装被服的生活方式。

在布朗纺织中，最能体现织手技艺高低的要数织制历史上称“榻布”现在叫做“牛肚被”的织品了。“牛肚被”是布朗族自己织制的被服，因结构像牛肚（牛胃）——外滑内茸而得名。此被全用棉线织成，盖在身上柔软而暖和，且牢实耐用。织制一块牛肚被需花费织手不少时间和精力，还需要织者心灵手巧，因此，现在会织牛肚被的人越来

越少。据说这一门技艺在别的地方已失传，现在只有双江邦丙一带的布朗族独有，成为双江一绝。

邦丙布朗族不仅能织布制衣，还能自己染色。布朗人到深山中割回一种叫“腊阿”（板蓝根）的植物，捣碎浸泡，调和石灰、火灰沉淀得到染料。当地自制的棉布衣装就用其染料印染。

工匠。布朗族的工匠有木匠、铁匠、银匠。木匠几乎每个村寨都有，能做一般的木活，少数的木匠能建造高大的缅寺、竹楼、土屋、凉亭等。有的木匠还能制作桌椅板凳等。布朗族的铁匠手艺多为祖传，也招收徒弟，每个村寨都有一两个铁匠，每逢农忙季节，专为农民打制铁器或修理农具。除了能打制锄头、镰刀、砍刀、斧头等农具外，还会修理猎枪、火药枪等。双江布朗族的铁匠还能浇铸犁铧的“模子”以及其他生产生活用具。

银匠。个别布朗族村寨才有银匠，他们能加工打制银耳环、银戒指、银手镯等装饰品。

熬火药。布朗人将硝土、木炭、硫磺捣成粉末，晒干后即成火药。

造纸。布朗族的造纸技术主要是从傣族地区学来的。造纸原料是将山中一种叫“杀盾”树和“杀肯”树的皮，加木炭灰放入锅中煮。一般是吃晚饭后煮，到将睡觉时把锅抬下，次日拿到河边捶洗，将炭灰洗净，树皮捶细，又放入锅中，加清水拌匀，再将一块长布平放在水面上，将纸浆均匀地倒在布上不停地摇动，直到纸浆完全粘在布上，就把这块布取下来用火烘烤，待晾干后，从布上撤下即为白纸。

制墨。布朗人取大捆松明，放入锅内燃烧，上盖一锅，将烟收集起来，调以各种动物的苦胆（加了苦胆可耐风雨，不易褪色），如果不马上使用就放在阳光下晒干，以后再用。

## 五、民间科技

布朗族的古代先民——濮人，经过数千年长期的生产斗争实践，积累了一些对天文、历法、气象演变的认识，并总结了原始的辨别方位、季节和气候的方法。

布朗族对日月称谓都有自己的认识，并从日月星辰的升降、树木的向背来认识方位。

日月星辰。太阳称“玩”，月亮称“亢克”，星辰总称“格闷”。知道星辰起落时间有先后，首先是月亮出来，其次是“闹浆”星（黄昏）出来、“闹踵”星（与闹浆星一起出），再次是“赶垮”星，最后是“东哄星”，于鸡鸣时出。此外还知道有“闹贡索”（金星），呈绛紫色；有“闹非谈”星（火星）。

方位。东方称“玩熬”（即太阳出的地方），西方称“玩多”（太阳落的地方），南方称“患歹”，北方称“患勒”。

历法。布朗族人民没有自己的历法，而借用傣族的历法，一年有12个月，傣语称“南本”。1月称“抡并”，（即阳历3月，后以此类推），2月称“抡高”，3月称“抡三”，4月称“抡细”，5月称“抡哈”，6月称“抡霍”，7月称“抡及”，8月称“抡便”，9月称“抡高”，10月称“抡西”，11月称“抡西爱”，12月称“抡西双”。

在历法中，西双版纳地区的布朗族无四季之分，全年只分干季和雨季。雨季集中在傣历7～9月，布朗语称“勒着”；干季集中在傣历3～5月，布朗语称“勒连勒亢”。最冷的时间是傣历3～4月，最热的时间是7～8月。

保山、临沧布朗族地区则有春、夏、秋、冬四季之分。人们根据汉族的节令来安排农业生产。

## 六、民间医药

布朗族一方面深信鬼神的存在，用祭鬼叫魂的方法治病行医；另一方面也用中草药治一些简单的常见病。布朗族地区生长着各种药用

植物，人们经过长期采集实践，逐渐识别了某些野生植物具有治疗某些疾病的功能，积累了一些医药知识，出现了少数熟悉草药的人，他们世代相传，保留至今。

过去，布朗族没有专门脱离农业生产而专门治病的医生，多数是由本民族的“布占”（祭师）在祭祀鬼魂以后，再用草药给人治病，也有的人在长期的生活实践中，逐渐掌握了一些医药知识，成为本民族的草药医生，布朗族借用傣语称他们为“摩雅”。他们能治疗一般的内外伤、骨伤、头痛、腹痛、腹泻等疾病，为当地治病就医提供了方便。

新中国成立后，各地卫生部门在党和政府的领导下，遵循“以防为主，预防与治疗相结合”的方针，在布朗族地区积极开展医疗卫生工作。在开展医疗工作的同时，政府还不断地对布朗族人民进行医药卫生教育，开展爱国卫生运动，使群众普遍养成良好的卫生习惯，形成保护环境卫生的好风尚。改革开放以来，通过采取一系列有效的政策和措施，布朗族人民的健康状况得到了根本性改变。现在，乡乡有卫生院，村村有卫生室，布朗族有了本民族的卫生员和医科大学生，在当地的医疗卫生事业上发挥了应有的作用，各种流行恶性疾病得到有效控制，过去那种“稻谷黄，病满床”的情景已经一去不复返。

## 第四节 人神共居的家园

### 一、多神崇拜的民族

布朗族是一个多神崇拜的民族。

布朗族的生产力水平低、生产方式落后，生产和生活资料在很大程度上依赖于大自然，抵御自然灾害的能力很差，科学知识又极端贫乏，对自然界中发生的一切现象，如对山林、河流、雷电、风雨、日月、星辰、地震、火灾、日月食，以及社会生活中的生、老、病、死、祸、福等这些千变万化的现象不理解，更不能掌握与驾驭，因而产生恐惧心理，认为这一切都是有灵性的东西，人们的生产生活是被一种超自然力量驱使和主宰着，久而久之，便产生了“万物有灵”的观念。为了祈求神灵的保佑和帮助，便对自然现象加以盲目宗拜，以致产生了“自然崇拜”、“图腾崇拜”、“鬼神崇拜”等原始宗教观念。“万物有灵”论在布朗族人民的思想中起支配作用，贯穿于他们的全部宗教生活。

布朗族先民在原始渔猎时期，主要生产资料取之于自然界，因而对自然界的某种动物或植物有着特殊的“亲谊”关系，有的甚至认为本氏族起源于某种动物或植物，而直接把这种动物或植物看作他们的祖先，这样慢慢就产生了图腾崇拜观念。

他们对睡眠、昏迷、梦境中呈现的幻觉迷惑不解，因而产生了灵魂观念。人们从睡梦中苏醒以后，发现似乎有一种不可捉摸的东西可以离开人的身体而存在。他们不能理解这是人的一种正常的思维反应活动，因而错误地认为这是人的灵魂暂时离开了躯体。并认为人之所以害病，是因为灵魂被鬼劫去了，为了拯救受害者，又想出用巫师叫魂的办法。

布朗族从人有灵魂的观念出发，幻想出自然界的各种现象和各种物质都同人一样，是具有感情和灵魂的生物，而这些自然现象和自然力量又可以将其感情施加于人，于是就在头脑中产生了各种各样的鬼神。如果在生产生活中遇到有利的情况，就认为这是鬼神的赐福；如果遇到不利的情况，又认为这是鬼神在作祟。因此，为了博得鬼神的同情和欢心，人们就用祭祀和敬献礼品的方式，祈求他们降福消灾。这样便产生了对鬼神的崇拜。

祖先崇拜则是在灵魂不灭基础上发展起来的原始信仰。布朗人为

了要同自然界和异族进行有效的斗争和接触交往，便分别推举自己的氏族、部落尊长。这些尊长既是人们生产、生活、战斗的领导者，也是集体意志的体现者。因此，他们在世时被看作氏族、部落的英雄，死后即被渲染、升华成了神。他们认为，祖先的灵魂是不灭的，是永恒的，只要随时向祖先的阴灵祈祷并敬献礼品，就会得到保佑，降福消灾。于是，产生了崇拜祖先的原始信仰。

在布朗人的心目中，神无处不在，无物没有，澜沧江、怒江是诸神深潜之河，布朗山是诸神栖息之山，布朗族的家园是人神共居的家园。

**（一）自然崇拜**

布朗族民间流传的自然界鬼灵有很多，如“色架荒”（大鬼）、“板哈披天”（天鬼）、“色架格代”（地鬼）、“色架格洛”（旱谷鬼）、“色架翁”（水鬼）、“色架枯”（树鬼）、“色架格门”（坟地鬼）、“色架格第披”（野牛鬼）等数十种。总之，一切自然界和不可知的现象都认为有鬼。在生产、生活过程中叫魂、祭鬼求神的活动是非常频繁的。如在播种和除草前，布朗人要举行祭谷魂仪式，认为只有祭祀谷魂，谷粒才能饱满。秋收伊始，开镰前夕，布朗人要挑选一天属蛇的日子，在头人“达曼”的带领下，全寨人身着盛装来到田边，面向东方，用新镰刀割倒一捆稻穗，舂出新米，煮成新米饭，加上一包肉菜，到寺庙敬献，献寨神与祖宗后，全体尝新。然后，全寨正式开镰收割。白摩（巫师）口中念念有词：“谷魂谷魂，我们来请你，是怕外面下大雨，不让你住岩洞里，不让你住树缝里，请你住到我家仓房里。”把谷魂请到仓房住下后，全家人还要围着粮仓绕走三圈，说是这样谷子才经吃。

建寨时，布朗人要举行圈地仪式。即在划定了寨子范围后，沿着村寨周围栽上木桩，并用草绳将木桩连接起来，然后进行撵鬼仪式，不让鬼待在寨里为害人畜。每个村寨都有一个寨心神，有的村寨是寨子中央竖一木桩，周围垒上石头为标志。

布朗人的家里，在火塘外侧和室内外间与内间分隔处各立有一排柱子，居中者称中柱。火塘外侧的一根称“骚召”，内外间分隔处的一根称“骚南”，意思分别是男柱和女柱。据称分别代表家中的男女祖先，平时忌讳外人触摸。如果家中有老人处于弥留之际，还要把老人扶着靠在中柱上直至断气。所以，布朗人在建新房时，最紧要的莫过于选择中柱。

树木给山民们带来肥源、水源，给野禽野兽以栖身之所，而村寨周围的参天古树又是优美的风景线和抵御风暴的天然屏障，因而树木也成为人们崇拜的对象。村寨附近的林木绝对不许任何人砍伐。每年各寨还有祭竜树（神树）的活动，祈求竜树保佑庄稼丰收、人畜平安。

**（二）图腾崇拜**

布朗族的先民，在古老的母系氏族制时期，主要以狩猎为生，在那莽莽的原始森林里，有各种各样的野生动物，其中有的动物成为他们氏族的名称（或标志），以便与其他氏族相区别。久而久之，各氏族的成员也就分别把代表自己氏族的动物作为祖先加以崇拜，于是就产生了多个动物图腾的观念和神话。

布朗族的图腾并不是虎、豹等凶猛的野兽，而是竹鼠和癞蛤蟆等小动物。在布朗山区，布朗族人崇拜竹鼠。他们认为竹鼠代表父母的灵魂，人看见了不利。所以，如果看见竹鼠爬出洞来，是不能打它的，而要远远地避开它，否则认为是自己或自己的亲人会死掉，从而，在布朗族中形成了对竹鼠的崇敬、禁忌。

施甸、昌宁的布朗族把马作为图腾来崇拜，他们严禁杀马和食马肉。凡遇属虎、属龙这两天，堂门外要挂一块红布，并杀鸡献财神。

双江布朗族的图腾崇拜物是蜜蜂和公鸡。走进布朗族村寨，我们可以看到布朗人家的屋檐下都摆放着几个蜂桶，飞出去采蜜的蜜蜂在

屋檐外来回穿梭。再穷的人家也会存放着一罐腊蜜和祭祀用的蜜蜂腊条。蜜蜂是布朗人心中圣洁的象征，与蜜蜂有关的梦是吉祥美好的梦。布朗人说，如果梦见蜜蜂在你头顶上盘旋，表示你将要遇到桃花运了，假如你梦见蜜蜂采花，这意味着你的爱情将要来临。

**（三）祖先崇拜**

布朗人在生产和生活中常常通过自己推举出的氏族、部落酋长同外界发生接触。这些氏族、部落长者，既是当时人们的领导者，也是氏族、部落一切精神力量的化身。因此，他们在生时被渲染成英雄，死后被渲染成神。人们还从灵魂不灭的观念出发，认为人死仅仅是形体的消失，而死者的灵魂却永恒存在。所以认为只要随时向死者灵魂敬献礼品和祈祷，就会得到这些阴灵的保佑，降福消灾。于是产生了祖先崇拜的观念和仪式。

布朗人首先崇拜的祖先是古老的氏族长“代袜么”和“代袜那”。“代袜么”代表的是男性祖先，“代袜那”代表的是女性祖先。这清楚地反映了由母系氏族社会过渡到父系氏族社会过中，母系祖先与父系祖先同时都作为崇拜对象的情形。后来布朗族社会发展到农村公社阶段，这两个氏族祖先——“代袜么·代袜那”又成为很多村寨普遍崇拜的神灵，即成为各村社区同崇拜的对象——寨神，这又是与农村公社的现实生活中，由各氏族共同拥戴村社头人的状况相一致的。寨神“代袜么”和“代袜那”（有的村寨又叫寨神为“得那曼”），管理着全村社成员的一切吉凶祸福，以至于头人“达曼”的罢免也要由他们来决定。如有猪、鸡跳进寨神柱台上，人们便认为这个“达曼”不能管事了，必须重新选举“达曼”。

此外，各村社内的各氏族都有一个氏族神，这是古老的母系氏族分支后的氏族神，这种各氏族敬奉的氏族神没有名字，而以“哼而戛滚”作为标志。“哼而戛滚”是一布袋，内装祖先遗留下来的生产工具或生活用品，例如有的“哼而戛滚”内装一把小刀、一串珍珠；有的“哼而戛滚”内只放一把木刀和几颗谷米；有的“哼而戛滚”内只装几个野猪牙、几个贝壳等。“哼而戛滚”由现任的氏族长保管，逢年过节全氏族成员都要来向它致敬。若氏族长死去，则又将它转交给新任氏族长保管。有的氏族成员虽然迁徙到其他村社，但他们的“哼而戛滚”仍然留在原来的氏族内，每逢年节，他们还要携带蜡条等礼物返回故地向“哼而戛滚”祭祀。

布朗人在父系氏族之下，已建立了一夫一妻制的个体家庭。每个家庭都供奉一个家神。有的家庭是用芭蕉叶、甘蔗叶、蜡条等东西拴在屋内的一根中柱上作为父母灵魂的象征，逢年过节向它祭祀。而有的家庭则没有这类象征物，只是在过年过节时用蜡条、饭菜等塞进卧铺上方的草排下，作为给家神的祭品。当地人们还有这样的习俗，即外出到山地上搭棚住从事生产活动，不能超过 29 天，否则认为怠慢了家神，就要杀鸡一对来祭祀，表示忏悔。

由上述可知，布朗人是万物有灵信仰者。万物有灵论是人们在生产水平非常低下，在大自然的各种灾害面前软弱无力，对自然界各种现象无法理解而产生的一种错误的观念。而祖先崇拜则是在万物有灵的思想基础上，在人们进入氏族社会以后产生的一种血族承续观念和对祖先劳绩的追念感情。祖先崇拜的含义，不仅是崇拜具体的个人，而且是崇拜个人为代表的血族团体。祖先崇拜作为一种意识形态，它可以在一些民族中长期保存到阶级社会的终极。有些资本主义发展较快的民族，祖先崇拜的观念基本上已经瓦解。因此，可以说生产越发展，特别是商品生产越发展，那么祖先崇拜的观念就越加淡薄，甚至逐渐地达到完全湮灭。

## 二、宗教传入布朗山

大多数布朗族在信仰原始宗教的同时，信仰小乘佛教。

居住在勐海、双江、澜沧等地的布朗族普遍信仰小乘佛教，尤其是勐海布朗族，信仰小乘佛教在其社会生产生活中具有重要的影响力，几乎每一村寨都建有佛寺，男子出家为僧一段时间成为其生活历程中的一个重要环节。

布朗人本信原始宗教，近两百年来，西双版纳傣族领主为了加强对山区布朗族的统治，就利用小乘佛教作为先导，派佛爷逐步进入山区传教。在此过程中佛教与当地的原始宗教发生了一些较为激烈的矛盾，这些矛盾也反映在民间流传的关于佛祖与魔鬼斗法而最后魔鬼被佛祖降服的宗教故事里。当然，到最后布朗人开始信仰小乘佛教了。

小乘佛教传入后，逐渐扩展开来，以致形成全民性的宗教。全民信奉佛教的原因主要有两点：第一，布朗族是以村社为基本的社会单位，傣族佛教僧侣首先影响布朗族寨头人兼原始宗教的主持者“达曼”等人，当他们接受佛教后，一般村民也就很自然地一起跟着头人入了教。这样，“达曼”一身而二任，他既信佛又为群众祭鬼叫魂。而佛教的专职管理人“布占”间或也参与送鬼叫魂。所以原始宗教与佛教互相渗透，互相利用。第二，小乘佛教的宣讲者声称：信教者死后能升天堂，不信教者死后下地狱；信教者受人尊敬，不信教者是野人，甚至找不着伴侣；信教后当了和尚就能超度父母亡灵上天堂等。总之，大家都以信教为荣，不信教为贱。这些社会舆论加上村社组织的集体

布朗族的佛塔

性，使得布朗人不可抗拒地信仰了小乘佛教。

小乘佛教传入布朗族地区后，影响很大，从此布朗人有了和尚、佛爷，他们学习傣文书写的佛经，开始有了本民族的知识分子。这对于促进民族文化的交流和布朗族社会的发展起到了一定的作用。

佛寺（缅寺）是布朗族人进行宗教活动的主要场所，也是外来文化传播的重要场所，多建在村寨的最高处，为土木结构，土基为墙，以落地重檐多坡面平瓦建筑为主，木柱和门板上绘有图案。寺旁有和尚住处，和尚多为本村寨入寺为僧的男子。布朗族的节日也多与小乘佛教有关，主要有："毫瓦萨"（关门节）、"翁瓦萨"（开门节）、"桑勘比迈"（泼水节）等。

此外，还有极少数的布朗族人信仰基督教、道教。

当然，尽管布朗族普遍信仰佛教，但本民族中原有的种种崇拜仍然渗透在生产生活中的各个方面并贯穿于他们的日常生产生活之中。

## 三、宗教信仰与社会生活

布朗族社会生活的各个层面和角落，无不受到宗教信仰的渗透和影响，宗教信仰在各地布朗族的社会生活中占据了极其重要的地位。

### （一）宗教信仰与经济生活

布朗族在从事农业生产的过程中，按照岁时节令的变迁，从选地、砍树辟地、选种、下种、收割、直到谷物装仓，都要举行一系列的祭祀活动。

选地。在傣历3月"腕淦"（布朗族把每周的日子分为腕笛、腕尖、腕淦、腕布、腕帕、腕舒、腕韶）这天，要以村寨为单位举行祈祷仪式。据说这天选的地，鸟、兽、虫类不来糟蹋庄稼。届时，由村寨头人召曼率领全村各户男成员去山里选地。然后，大家回村又以家族和个人为单位请"白摩"、"布占"占卜；有的还到佛寺请和尚念经，

祭寨神、地神、勐混神、景洪神。打卦时，要量七筒米，视其盈缺来判决。卜选后，就正式分地。

烧地。烧地也要选择吉日进行。曼峨寨选在傣历五月的“腕帕”、“腕布”、“腕舒”三天进行，他们认为在这三天内烧地，刮风大，发火旺，树枝土坑烧得透。禁忌在“腕淦”和“腕笛”日烧地，认为“腕淦”日烧地，火会蔓延进寨；“腕笛”日烧地，火不着或烧不透。章加寨则选“腕韶”、“腕帕”两天，认为“腕韶”象征姑娘，庄稼发育滋长，火烧得旺；“腕帕”日火烧得透。烧地也是全寨一齐出动。烧地前，请僧侣或巫师前往地中念经、滴水、驱鬼，并以饭、竹笋、茶叶为祭品，分别祭祀天神、日神、月神、火神，请他们将各种鬼灵赶走。此外，还备有一竹筒水和两块竹片。传说水是用来专供天神烧灭越出地界的野火的。祭毕，才用两块竹片引火烧地。

播种。傣历七月，是播种的季节。旱谷要选在“腕笛”、“腕韶”两天下种。点种前，都要在山地中央选留一小块地盘，选点播几窝，象征“地母”，俗称“妈妈地”。要请巫师举行祷告仪式，分别在地中央和小块地的四角插上几种象征神灵的木棍，邀请“代袜么·代袜那”神和“水魂”来此居住。认为只有这样才能压住邪魔，谷颗发旺。祭毕，才能铺开大面积的播种工作。

薅草。薅草是收成好坏的最关键的一道工序。事先，要祭“谷魂”，请僧侣到“妈妈地”里念一本《戒苏李牙完格》的经书，然后主人说：“谷魂啊！谷魂！你在哪里？你快回来吧！”之后，人们才正式开始薅草。据说“谷魂”就住在下种时最先点播的那小块地中，和水魂住在一起。他们认为叫了“谷魂”，谷粒才饱满肥大，才收得多。在抽穗结实过程中，发现谷穗有病，便以为“谷魂”不在了，又要请布占念经滴水祭祀。

割谷。割谷之前，要请巫师择吉日“尝新”，一般认为“腕帕”或属蛇日最为理想，因为蛇吃东西不多，意味着收获回来的谷子经久耐吃。届时各户选出代表，在布占率领下，来到地边，大家面朝东方，高高兴兴地摘一束谷穗回来杵成米，蒸熟成饭团，加上一包菜，先送到佛寺滴水，敬献菩萨“帕召”，再祭寨神“代袜么·代袜那”，回家再孝献父母。表示神灵、家族长辈都已尝新，享受了口福之后，人们才正式开镰收割。割时，照例要选割最先点种的那小方块，即“代袜么·代袜那”——“谷魂”和“水魂”住过的地方。这里的谷子因为举行过宗教祭祀，具有“谷魂”的性质，必须用特殊的装置，另外保管收藏。

打谷。打谷必须要惊吓着谷魂，须请祭司布占看吉日祭祀。章加寨选“腕布”、“腕舒”两日，曼峨寨选“腕布”、“腕尖”、“腕帕”之日进行。据说选这些日子打谷，可以打得多。

装仓。装仓多选“腕韶”之日进行。据说这天装运，谷子不会损耗。谷仓装满后，要把代表“谷魂”的那包谷子放在粮食上面，认为谷子有了“魂”才经吃。装仓时，还要编一个四方形的小篱笆，用一对蜡条、数粒饭、一点菜到地里滴水，迎请“代袜么·代袜那”、“水魂”等一起到仓房边来和谷魂同住。

**（二）宗教信仰与政治**

在布朗族的社会生活中，神权和政权是十分紧密地结合在一起的。

布朗族的村社既是一个经济共同体，也是一个政治共同体。作为政治共同体，它同宗教信仰有着密切的联系，如建寨举行圈寨仪式，神选村社头人“召曼”等。

布朗族称村寨为“永”，但通常用傣话，叫作“曼”。按照传统习惯，建寨要举行圈寨的仪式。首先，在卜选好的准备建寨的范围内，栽插许多木桩，将四周围住，再用草绳、白线将树桩联结成网，请召曼及佛爷绕着树桩念经，村寨成员跟在后边跳舞，并把草绳和白线两

端串连在一起，象征大家团结成一个坚强的集体。然后建立四道寨门，每道门口竖有一根木桩，称为“根曼”，意为“寨父”。凡村寨成员都住在寨门之内，按所圈定的范围修建房屋。这种圈寨仪式，称为“乘脱”，它被布朗族看作是与每个村社成员祸福攸关的最隆重、最庄严的日子。大圈十年或二十年一次，小圈三年一次，有的每年圈一次。圈寨的目的，据说主要是为了撵鬼，不让鬼进寨子来祸害人畜。圈寨时，由祭师念经滴水，绕寨四周撒砂子驱邪祝福。

布朗族还用简单类比的方式将自然与社会存在物和人比附，认为村社也如人的躯体，是由各个部分组合而成的：人要有四肢，村社要竖四个寨门，此外，最重要的是心脏。对村社来说，也必须在寨子的中央，竖一大木桩，设立“寨心桩”。在它周围则用石块砌成1米左右的高台，布朗族称为“再曼”，作为全寨最高神灵的住所，故又称“寨心神”或“社神”。布朗族每个村落建立的“再曼”，就成了全村的主心骨，凡村社一切隆重的祭典，都以它为中心来进行。布朗族村社就是这样利用宗教祭祀活动来履行其政治共同体的职能的。

建成村寨之后，为了处理村社的公共事务，由村社成员共同推选头人出来管理。最先由村社成员推出来的头人叫“召曼”。这是借用傣语称谓，“召”指官，也有管理事的意思，“曼”是村寨。召曼即村社的执政者、管事人。召曼虽然是按照原始的民主选举方式产生的，但选举要履行抽签仪式，由寨神“再曼”来决定，因此，召曼实际上是占卜（即“神选”）产生的。

召曼的任期无一定年限，不得世袭，也不由佛爷或借捧撤换，其罢免根据神意来仲裁。具体说，任期的长短是由寨神“再曼”决定的。假如寨子中发生虎、豹咬牧畜、吃人，或猪、鸡、狗跳进寨心神“再曼”里时，即认为大不祥，亵渎了神灵，表示这个召曼不称职，必须重选。所以，有的召曼在当选第三天就遇不祥而卸任，有的则可以担任五六年之久。

小乘佛教在布朗族中盛行后，佛寺通过对村社头人的拴线、滴水、推荐、加委、监选、认可等活动，逐渐取得了干预村社政治事务的种种权力。

**（三）宗教信仰与日常生活**

宗教信仰非常广泛地渗透在布朗族的日常生活中。例如，西双版纳布朗族的日常生活就非常普遍地受到宗教信仰的影响。平时，他们梦见太阳落山，就认为亲友的灵魂被勾走了，要有人死亡。梦见火烧房子，以为“魂魄”丢了，需要用一团饭、一块盐、一个辣椒、一对蜡条去寺庙叫“魂”。

按布朗族的宗教信仰观念，自然界中的许多生物和物体都有“魂灵”，随时随地都可能作祟于人，因而对它们产生了畏惧或敬仰的心理和行为。

在思茅地区的布朗族中，人们在日常生活中，如果偶尔发生眼花、耳聋、四肢麻木等现象，往往认为闯着“杆骂”（即头痛鬼）了，要用茅草扎一个草人，穿上衣服，备些斋饭送到寨子东方的野外扔掉，即算把“杆骂”送走了。布朗族极怕此鬼，平时生产劳动经过祭“贡磨”外，不敢高声说笑，不敢久停。人们患了关节炎、腰疼不能动等疾病时，就认为是闯着“恩堵鬼”（即腰痛鬼）。要用一个破箩筐，盛上一些斋饭、土锅片、火灰及用盐酸果树削成的刀剑、标枪等送到稻田的分水处献祭。

宗教信仰除了与布朗族的经济、政治和日常生活有密切联系外，还垄断着布朗族的精神文化生活，布朗族的思想意识、文化活动都受到宗教信仰的控制。如布朗族的节日几乎都与宗教信仰有关；布朗族认为只有进佛寺当和尚，才会有文化，有社会地位。

总之，布朗族人民的宗教信仰与社会生活是交织在一起的，社会

生活既受宗教信仰的影响乃至支配，又为宗教信仰的存在和发展提供土壤和条件。随着生产力的发展和布朗族人民科学文化知识水平的提高，宗教信仰对社会生活的影响将会越来越小，这是社会发展的总趋势。

# 第三章

# 不熄的火塘　生命的礼赞

## 第一节　不熄的火塘

布朗山寨飘逸着永不消失的炊烟，布朗人家燃烧着永不熄灭的火塘。千百年来，中国的布朗族历经磨难而不衰，千锤百炼更坚强。随着祖国的繁荣昌盛，布朗族的人口也在不断发展壮大。到2010年第六次全国人口普查，中国布朗族人口已经发展到119 639人，比第五次全国人口普查增加27 757人，10年增长23%。其中云南省布朗族人口达116 573人，占全国布朗族人口的97%。主要集中在西双版纳自治州、临沧市、普洱市和保山市。

如果以县为基本地域单位划分布朗族人口的分布范围，布朗族共分布在全国的75个县里。其中，1万～5万人的有勐海县和双江自治县，5000～1万人的有永德、云县、澜沧、施甸等县，1000～5000人的有景洪县、勐腊县、耿马等县，1000人以下的有65个县。以聚居为主，部分散居或混居构成了布朗族人口分布的总体格局。

新中国成立以来，随着经济社会的发展、医疗卫生条件的不断改善，布朗族人口也在迅速增长。

布朗族人口的增长，除了自然增长外，社会增长即民族成分的恢复和更改是一个主要因素。首先，1987 年经施甸县民委和保山市民委同意，将原定为佤族的 6500 多人恢复为布朗族；其次，临沧市 1982 年将之归为满族，但自称是“蒲满”、“蒲人”的 1257 人恢复为布朗族；三是西双版纳自治州在 1982 年第三次全国人口普查中将自称“昆格人”、“空格人”的 1656 人归属为布朗族；四是 2009 年 2 月国家民委确定将莽人和克木人归属为布朗族。莽人和克木人是中国两个特殊的少数民族群体。莽人生活在红河州金平县，人口 681 人；克木人生活在西双版纳州景洪市和勐腊县，人口 3291 人，两个族群的加入使布朗族的人口进一步增加。

布朗族人口的发展大致经历了人口高速增长、人口缓慢增长、人口快速增长、控制人口增长和人口稳定增长五个阶段。

新中国成立之前，由于战乱灾害频繁，社会动荡不安，经济得不到发展，布朗族人口增长较为缓慢。1949 年，新中国成立后，中国共产党领导全国各族人民进行了社会主义革命和社会主义建设，使布朗族地区经济逐步恢复，社会走向安定，人民生活有了改善，人口迅速增长。

1959～1961 年，全国性的经济困难和自然灾害，使人民生活水平明显降低，人口出生率锐减。这三年人口自然增长率均为新中国成立以来布朗族地区的历史最低水平。

1962～1981 年，在经历了三年经济困难和自然灾害之后，随着国民经济的逐渐好转，人民物质生活和营养状况的改善以及社会和家庭正常生活秩序的恢复，结婚生育人数大幅度增加，布朗族地区出现了补偿性生育高峰，人口迅速膨胀，人口出生率快速回升，人口增长进入了前所未有的出生高峰期。这个时期是布朗族历史上人口高出生、高自然增长持续时间最长的时期。在这个时期的 1971～1980 年，中共

中央、国务院下发了一系列有关计划生育的文件，指导全国的计划生育工作。这个阶段的人口增长速度比 20 世纪 50 年代的增长速度减缓，但仍属人口快速增长阶段。

基层计划生育服务站

长期以来，各级党委、政府在布朗族地区坚持控制人口数量与提高人口素质、改善人口结构相结合，高度重视文化、教育等社会事业的发展，全面发展各级各类教育，人民受教育机会不断增多。第六次全国人口普查数据表明，布朗族人口平均预期寿命延长，受教育程度明显提高，平均受教育年限延长，文盲率大幅下降，文化素质明显提升，性别结构、年龄结构更趋于合理，城市人口比重大幅度提高，为布朗族地区经济社会科学发展、和谐发展提供了人才保障。据 2010 年第六次全国人口普查统计：布朗族 6 岁以上的人口共有 10 8074 人。其中，具有小学文化程度的人口有 63 324 人；具有初中文化的人口有 20 384人；具有高中文化的人口有 5083 人；具有大学专科的文化人口有 2289 人；具有大学本科文化的人口有 1528 人；研究生 46 人。

# 第二节　生命的礼赞

## 一、在苦难中诞生

历史上，布朗族由于自然环境恶劣，生活条件艰苦，卫生状况落后，妇女在怀孕期间往往还要参加繁重的体力劳动，只是在临产前才在家中调养。孕妇在临产前多由自己的母亲来照料，并帮助接生。

由于习惯不同，风俗各异，各地布朗族妇女的生育习俗也有所不同。有的布朗族地区，产妇临产要请有经验的老年妇女接生。每个村子里有几个接生妇，每个接生妇负责接生居住在一排房子里的那些妇女，产妇只能在各自居住的地段请人接生。接生妇护理产妇期间，产妇家供伙食。

布朗族妇女生育时，男子要把火药枪上的铅巴取下来，认为这样产妇才容易分娩，若遇难产时并认为可能与铅巴有关。布朗族民间也有一些催生的药方，如甘蔗芽煮水喝；鸡蛋白酒，或以银手镯烫开水喝。改革开放以后，随着布朗族地区医疗卫生条件的改善，多数妇女已到当地医院生产。

生命是可贵的，迎接和呵护生命的人自然得到最大的尊重。孩子满月后产妇家要给接生婆送礼。礼物是1斗谷子、1筒米、2元钱、1对腊条。由丈夫陪着产妇去，夫妇都要向接生婆磕头致谢。

一家生孩，百家欢喜。一个生命的诞生，便得到人们的厚爱。婴儿满月后，全村亲友都来看望并带一些礼物，主人也要用酒肉招待亲戚。

## 二、奇特的命名方式

布朗族的命名是按照十二属相或男女婴儿出生的先后顺序排列的。然而，真正以姓氏的方式给孩子取名的时候，则出现两种不同的情况：一类是有姓无名，另一类是有名无姓。这种命名方式从古至今在布朗族地区沿袭。

保山、临沧、思茅地区的布朗族，都有各自的姓氏，如陶、阿、李、杨、王、罗、闪、刀、陈、魏等姓，名字是按婴儿的性别和出生先后排列的。例如，长子叫“埃”，次子叫“尼”，三子叫“桑”，四子叫“赛”，五子叫“老乌”，六子叫“老六”；长女叫“叶”，次女叫“玉”，三女叫“安”，四女叫“爱”，五女叫“娥”，六女叫“腊”。

布朗族给孩子取名时，要请“干爹”、“干妈”来取名。婴儿出生后 7 天之内，只要是第一个进入家门的客人，无论男或女，便成了“干爹”或“干妈”，要请他（她）取名、拴线。在三年内，每年春节时，父母都要带着孩子前往“干爹”、“干妈”家拜年，并送去猪肉、粑粑、烧酒等。“干爹”、“干妈”也要送给小孩一些钱和衣服。如果孩子体弱多病或经常哭啼，父母便请“先生”卜卦，须另取名，并告知今后“干爹”、“干妈”所住方位、肤色、高矮等，父母即背着孩子按“先生”所指前往寻找，直到找着为止，再请他们取名，认为这样才可以免除孩子的灾难。

西双版纳州和澜沧一带的布朗族只有名字而无姓氏。凡生男孩，要在名字之前冠以“岩”，女孩名字之前冠以“玉”，以此区别男女性别特征。男女婴儿出生三天后，即请“布占”祭祀“代袜么·代袜那”（男神和女神），并替婴儿拴线和取名，名字多按孩子出生先后排列，其次序是：长子叫“滴”，次子叫“占”，三子叫“网”，四子叫“布”，五子叫“帕”，六子叫“苏”，七子叫“骚”，八子叫“哄”；长女叫

“英”，次女叫“望”，三女叫“温”，四女叫“艾”，五女叫“妞”，六女叫“呃”，七女叫“娥”，八女叫“熬”。

连名制是布朗族的一种命名形式，有母子（女）连名、母子（女）与父子（女）混合连名和父子（女）连名制三种同时并存。

母子连名制，是当婴儿取名后，再把母名的第二字连在婴儿的名字之后，这样就形成了特殊的母子连名制。据布朗族老人讲：因为子女都是母亲生的，从喂奶到抚养长大，都是母亲的事，特别是母亲怀孕、分娩时很痛苦，为表示不忘母亲养育之恩，所以子女的名字都要连着母亲的。

母子（女）与父子（女）混合连名制的特点是：母子（女）连名从第一代连续到第五代，但到第四代和第五代既有母子连名也有父子连名，而且连父名者已渐多。

当布朗族到了父权占绝对统治地位时，子女都连父名，亲属也只能按父系计算，他是用父氏名字的末尾一个字音来连接的，有连至三代到六代。

## 三、传承古风遗迹的亲属称谓

在布朗族的社会生活中，亲属称谓是极为重要的礼仪。对不同辈分的亲属会不会使用恰当的称呼象征一个人是否成熟，是否懂得人情礼节。因此，在家庭教育中，如何称呼亲属是父母要传授给孩子的一个最基本的常识。

布朗族的亲属称谓，同一亲属称谓可以适用于同一范畴的成员。亲属主要是按辈分、性别、年龄长幼，分为祖父母、父母、自己及同辈、儿女、孙儿女五辈。祖父母以上的祖先视同祖父母。孙子以下的后代均视同孙子。同辈者往往用同一称呼，不再细分。

还有一个特点是布朗族人往往以年龄长幼来决定他们的称呼，即凡是年龄与自己相当的人，不论其辈分高低均可视为平辈；凡年龄比自己大的人，即使是小辈也可当作长辈称呼。如舅舅比外甥要高一辈，但因舅舅年轻而又未成家，外甥可称他为兄弟，也可直呼其名。同样道理，在叔叔、孃孃（父亲的妹妹）没有成家时，侄儿男女可以称他（她）们为兄弟姊妹。这种以年龄长幼来决定称呼的观念，在古代民族社会是许多民族普遍存在的现象。布朗族亲属称谓的特点，可以追溯到古代，他们的祖先是经过母系氏族的群婚阶段，从而可以看出他们家族的实质和古老社会制度的遗迹。无论什么样的亲属称谓都代表着布朗族浓浓的亲情。在一个村寨里，同一个称呼可能引起一呼百应的情况，这体现了布朗族是一个尊老爱幼，团结和谐的民族。无论你是哪个民族，无论你来自何方，走进布朗村寨，你都会听到一声亲切的呼唤。

## 第三节　爱的教育

布朗族是一个重视教育的民族。他们认为，父母对子女的爱不是要给他们留下多少物质财富，而是要给他们传授立志做人的知识和本领。一个人是否有社会地位，不仅要看他是否具有适应社会的能力，而且要看他是否具有影响他人的人格魅力。做人要诚实善良、心境开阔、淳朴厚道、心底无私、遵从社会伦理道德，这是布朗族崇尚的社会品德。

过去，布朗族没有本民族的文字，靠刻木记事，因而布朗族地区的教育非常落后，几乎没有一所专为布朗族子弟开办的正式学校，成年人中只有个别人能识傣文或汉文。在这样的条件下，当时布朗人对自己子女的教育主要还是通过家庭、村社和宗佛寺等场所进行。这种教育是通过老一辈的言传身教和歌手传唱的形式来进行有关本民族的

社会历史、风俗礼仪、宗教信仰、伦理道德、生产生活技能等方面的教育，其特点是口头传授与实践示范相结合。通过教育，使青少年接受和继承本民族的传统，以适应本民族的社会生活。整个教育处于相当封闭的状态，没有专门的教育场所和教育者，往往是长者为师，能者为师。年幼者通过参加各种劳动和婚丧、祭祀、节庆等社会生活向长辈们学习，而每一个成年人都有指导和教育青少年的义务。但是这些教育并非通常意义上的文化理论知识教育，而主要是关于如何做人、如何处理人际关系以及如何掌握生产技能等实践性方面的教育。新中国成立后，这种状况才逐步得到改变。

家庭教育。布朗族十分重视对小孩进行生活常识教育、生产技能教育以及各种礼仪教育。当小孩刚懂事时，长者不仅教育他们热爱劳动，还不断对他们讲做人的道理和遵守习惯法。女孩要学会洗衣做饭、饲养家畜等，稍大一点还得跟大人学习种菜、插秧、采茶、收玉米这些农活。男孩要学会干一些较重的活计，如犁田、翻地、砍柴等。从衣、食、住、行到一些简单的道理、粗浅是非观念，都以实践示范和口头讲述相结合的方式传授给子女。这样，小孩一般到了15岁就成了“全劳力”，与大人共同承担生产任务。走进布朗山寨你会经常看到这样的场景：山地上，一大一小的男人在犁地；田野里，一前一后的女子在栽秧；院子里，一位父亲在教儿子劈柴；火光下，一位母亲在教女儿织布。一代又一代的青少年勤劳的品性就这样在父母的谆谆教诲下得以传承。

社会教育。各种节庆和祭祀活动也是青少年接受教育的重要场所，在这些场所中往往可以学到社交知识和宗教知识。长者往往通过讲述世代相传的故事、神话、寓言和传说等形式，向小孩进行民族历史、风俗习惯和为人处世方面的教育，使青少年获得本民族的历史知识，从而继承本民族的传统。青少年还可以从节庆活动中的歌舞、体育、娱乐等活动来获得体育和美育知识。布朗族是无文字的民族，然而布朗族的历史文化则得以一代又一代地传承，不得不归功于这种特殊的教育方式。以寓教于乐的方式传承民族历史文化，这在落后的布朗族地区可称得上是人民群众的伟大创造。

佛寺教育。由于小乘佛教的影响，过去，在布朗族生活的地区，几乎每个寨子都盖有佛寺，用于进行宗教活动、传播佛教思想。布朗族人认为，做和尚是每一个男子一生中必经的重要阶段，只有进佛寺当和尚才会有文化，有社会地位。男人如果没有当过和尚，则会被讥讽为“半个人”，连媳妇也难讨上，因此，布朗族家庭的男孩到了十一二岁，就要被送到佛寺当和尚，通过诵读傣文经书学得一点傣文。在正式的学校教育未实施前，布朗族中能够有一点文化知识的，绝大多数出自佛寺的僧侣，他们既是宗教人士，又是本民族的知识分子，对传播传承民族历史和文化起到了重要的作用。

学校教育。1902 年以前，云南少数民族地区几乎没有小学，仅有数量极少的小学是一些外国传教士按照他们本国的模式在云南边地创办的。20 世纪初，清政府也开始着手在云南边地开办教育，但数量极少，且十分简陋。自清末以后，云南边疆许多地方逐渐兴办教育，一些布朗族村寨也有人办私塾、蒙童小学。到民国年间兴办土民小学，继而兴办国民小学、简易师范等。在双江，光绪年间就在双江县沙河乡的邦协和双江县勐库镇的公弄兴办私塾和蒙童小学。但由于语言及其他方面的障碍，特别是当时的统治者实施民族歧视政策，布朗族子弟不愿进校入学。

1931 年后，国民政府也在云南边地开办教育但也是数量极少，满足不了布朗族子女读书求学的需要。双江于 1936～1940 年办过简易师范学校，约有学生 200 人，后迁临沧。1942 年成立双江中学，先后招生 6 个班，毕业 3 个班，1948 年因为国家战乱而停办，至 1950 年成立

人民政府时，全县只有3所小学，6名教师，87名学生。勐海县在民国年间，民国政府推行“边地教育”，开办“国民学校”，共有16所学校，32名教师，28个班，1150名学生。

新中国成立后，党和政府非常重视教育，相继在布朗族地区开办了学校。从20世纪80年代中期开始，云南省人民政府颁发了一系列有关加快普及九年制义务教育的文件，布朗族地区的教育事业得到长足发展。经过60年的发展，学校教育从无到有，从小到大，已经形成了从幼儿园到小学、中学、中专和职业教育共同发展的格局。从21世纪开始，云南省政府开始实行教育“三免费”，布朗族地区的教育事业得到空前发展。

布朗族学生

除了发展当地教育以外，党和政府还不断选送布朗族青年到大、中专等高等院校培养深造。现在，布朗族有了自己的大学生、中专生，有了自己的教师、医生、干部和各种科学技术人员。

## 第四节　大自然的回归

布朗族是崇尚自然的民族，生命的最终归宿也要回归大地，回归自然。布朗族的丧葬习俗有火葬和土葬两种形式。他们认为火葬可以让亡灵升入天堂，土葬则可以让死者入土为安。

布朗族村里的人死亡后，要举行隆重的葬礼。每个布朗族村寨都有一个公共的墓地，称为“竜山”，它是祖先灵魂所在地。“竜山”的树严禁砍伐，甚至不能采下一片树叶，若有人擅自进入山林就认为会给全寨人带来灾难。竜山充满着神秘的色彩，从古至今保持着郁郁葱葱的原始森林。

人死亡后，家属立即告知召曼头人，召曼即通知全寨人前往吊唁。此时，家属要把尸体洗净，穿戴新衣，停尸 1～3 日，请佛爷诵经，超度亡魂。入殓时，用茶叶、芭蕉、饭团、腊条等少许放在死者手上，再用一根白线拴住死者大拇指，线拉出木棺外。抬棺时要将白线砍（剪）断，意思是让死者与家庭脱离，人走，其灵魂也走了，斩断灵魂的归路，然后才能把棺木抬到墓地。抬走棺木时，由召曼手执火把做前导，祈祷后将棺木埋入坟内。返寨时，召曼走在最后，沿途念经叫魂，边走边撒树叶，表示大家从此与死者分离，把送葬群众的魂叫回村寨。次日，家属要用腊条、盐巴、谷米到墓地祭奠，丧礼即算结束。

用来抬死人的棺材有木棺和竹棺两种。木棺是木板制成的，底部有六个支脚，四周和棺底的木板用铁钉钉牢，形状如一个长方形的木箱，无棺盖，不上漆，老人过世时一般用木棺。50 以上的老人，儿女就要为他做好一个木棺，认为这样对老人吉利，能延长老人的寿命。竹棺是用龙竹剖成的竹片，编成长形棺盒，竹棺有盖，将尸体安放在竹棺后，盖好棺材，然后用麻绳捆紧，就可以抬到墓地安葬。中青年以及少儿死亡时一般不用棺材，而用现成的竹篾笆将尸体裹住，用麻绳捆绑几道，放在竹竿担架上，就抬去安葬。

出殡的日子，要看死者的时辰是吉是凶而定，有的人死后要停 3 天才下葬，而有的人死后必须及时下葬，即使是夜间死亡也不能等到第二天下葬。布朗族一般实行土葬，也有火葬的。各种凶死者必须及时火化，绝对不允许停尸，认为会给村寨人畜带来灾难。60 岁以上老人去世时一般都采取火葬，另外，孕妇难产死亡的、在家上吊死去的等几种凶死者也必须火葬。实行火葬的，棺材、担架及随葬品同时在

大火中烧毁。

出殡时，村寨成员自愿送行，一般送到村界大门即返回自家，年幼者被禁止参加葬礼，认为死者会把小孩的魂带走，使小孩生病死亡。

每逢宗教节日，父母已死去的人家都要到寺庙祭祀，请佛爷念经，超度亡魂升上天堂。

各地布朗族的丧葬习俗有所不同。

居住在临沧市云县境内的布朗族，正常死亡的人都实行土葬，因难产死去的妇女、传染病致死以及各种凶死者皆实行火葬。而居住在双江境内的布朗族则恰好相反。除幼儿外，其他成年人死亡一律实行火葬。

人死后，死者家属要请村寨内外亲友、左右邻居前来悼念。前来奔丧的人携些大米、鸡、羊等资助丧主招待来客。尸体入棺前，要在棺底铺垫一些棉花，给死者洗净尸体，换上新衣，在死者口中放些碎银，称为“口含银”，意为作为死者到阴间途中过河费用。尸体入棺后用棉絮裹紧，以防尸体在棺内摇晃，再将死者生前所穿的部分衣物、使用过的生活遗物一起放入棺内，随棺埋葬，表示送给死者到阴间使用。盖上棺盖后，用松香油脂将棺材密封，一般停尸三天下埋。

下葬的日子要经过占卜选择，在操办丧事期间，死者家属要杀猪宰牛招待前来告别死者的亲友。

埋葬方式保持着古老的“台葬”和“叠葬”方式。

台葬的方式就是墓地按长幼辈分依次排列，凡七八十岁的高龄老人，坟墓要在山顶上台；五六十岁老人埋于山坡次台；三四十岁的成年死者埋于坡脚二台；三十岁以下的埋于山脚一台，坟地共分四台。非正常死亡的人，坟地要远离公共墓地。尸体头向西，脚向东，仰面直葬，不垒坟头，也不举行葬礼。“叠葬”是按辈分在原有的墓坑下葬，即同一墓坑内埋葬着同一辈分的死者的尸体，重叠相垒，不分男女性别，这种“叠葬”是按死者的辈分合葬的一种方式。

送葬的人返回寨子，召曼走在送葬人群的最后面，边走边念经驱鬼，为全寨子的人叫魂。回到寨子，召曼走到寨子中心，祭寨神：“今天，寨子里少了一人，我们已经把他送进墓地，让他和祖先们一起生活，请寨神保佑全寨的人，为全寨子的人消灾免难。”葬礼结束后，死者亲属请僧侣念经，并打扫竹楼，重新生火做饭，开始新的生活。

布朗族的葬礼庄重而严肃，原始而古朴，葬礼中蕴含着布朗人自然崇拜、神灵崇拜、祖先崇拜等古老习俗。

# 第四章

# 美丽的伊甸园　幸福的红地毯

## 第一节　自由的恋爱　奇异的婚俗

布朗族婚姻恋爱自由，婚姻大事虽由父母做主，但最终还得尊重年轻人的意愿。各地布朗族婚俗大同小异，一般都有恋爱、说媒、过礼、迎亲、回门等过程。

布朗族青年正式恋爱之前有“串姑娘”的习俗。每年农历二月，春暖花开，万物萌动，正是“串姑娘”的季节。入夜，小伙子们三五成群地相约到姑娘家门前，弹起牛腿弦，唱着“开门调”，请求姑娘来开门。姑娘开门迎客后，来客进门的人要先唱“凳子调”、“烧火调”。待调子唱完后，姑娘方送上凳子，烧火泡茶，然后男女双方在火塘边相互对歌，意在相互试探。如果女方有意，则再进一步深谈。无论有意无意，姑娘对男青年来“串”，不能拒绝。一旦拒绝，男青年们可以对她进行报复，相约不再理睬，这样会使她很难堪。正式恋爱中的男青年，总是晚上10点以后才去访问自己的对象，热恋中的男子去得要更晚，其目的是为了回避其他同伴，与这位女孩深交。这时，姑娘会一边纺线，一边与男朋友交谈。

经过一段时间的恋爱后，双方如果有意结合，则由男方出面请媒人到女方家说亲，女方家也要请一些亲人、长老来听取意见。如果女方父母、亲戚都表示同意，男方的媒人还会第二次来访。媒人第二次来访时要带上米花、芭蕉等礼物送给女家。

布朗族少女编织“连心带”

提亲成功后，未来的女婿要到女方家接受老人的“考察”。过去，双江自治县邦丙乡大南直一带的布朗族，婚姻由父母包办的比较多。正式订婚前，也要对男子进行观察，有时长达4～5年。若发生反悔，礼物退还；女方反悔，礼物不退。经过考察，女方父母认可了，才能商量吃“定亲酒”和确定迎亲日。

迎亲时，男方要带上酒、肉、老鼠干巴等礼物送给女方家。婚礼与其他民族大同小异。迎亲时新郎、新娘向女方老人们跪拜，叩头吟“吉利”。大意是：“今天日子好，你们成了亲。成了亲，要相亲相爱，不要生外心。路上有比他能干的，有比她漂亮的，不要去看，不要动心思。”出门前新婚夫妇吃“同心饭”。女方家送新娘到男方家后，举

行的仪式与女方家上述的程序相同。礼毕，女方来的陪伴又要护送新娘回到娘家，2～3天之后，男方家再去女家“娶”一回。这时女方家会派人来送新娘，同时送上嫁妆。布朗族传统的嫁妆有锄、镰、篾笆等生产工具以及衣服、被褥等生活用品。这一系列的结婚程序举行完毕后，新婚夫妇才能同居，这样一来，布朗族男女青年结婚其实是举行了两次婚礼。布朗族禁止婚前性关系、婚外性关系。离婚自由，寡妇可以再嫁或转房。这体现了布朗族在婚姻方面讲求伦理道德与人性的结合。

婚姻属于每个人的人生大事，世界上每个民族的婚姻习俗都有着不同于其他民族的独特之处。这些风格各异的婚俗共同构成一幅异彩纷呈的文化图景。布朗族的婚俗也自有一番风情。

唱情歌的布朗族姑娘

夜半琴声表衷情。“串姑娘”是布朗青年的一种传统习俗，布朗族实行一夫一妻制，而且历来恋爱婚姻自由。男女青年进入十六七岁以后，就算进入了“伙子姑娘”的时代，小伙子便可以开始“串姑娘”了。

每至夜晚，村庄寂静，劳累了一天的小伙子们并无倦意，他们换上自己的干净衣装，调好琴弦，邀约伙伴，来到姑娘家的楼下，以优美动听的琴声，拨动楼上姑娘的心扉。当姑娘被铮铮的琴声从梦中唤醒，必须起身点燃火塘里的火，摆好凳子，打开屋门，邀小伙子入座，于是“串姑娘”的活动就开始了。“串姑娘”时，小伙子与姑娘们围着火塘，谈笑不拘、打闹无禁，姑娘的父母绝不会因孩子们在屋里哄闹，影响他们的睡眠而生气。“好花才会有很多蜜蜂来采蜜，好姑娘才会有很多伙子来串门”这是布朗族的一句俗语。如若每至半夜，姑娘家“来客盈门”，做父母的非但不会厌烦，而且还会感到面上有光。布朗族感情细腻，性格内向，男女之间表露感情很委婉。男青年通常是用优美的琴声来表露心迹的。“串姑娘”时，一阵打闹逗笑之后，便会转入另一种情景：小伙子们拨动琴弦，弹奏起一曲曲绵绵的情歌，夜阑人静，琴声悠悠，情意浓浓，姑娘会低吟和伴，甚而潸然泪下，久而久之，便会培养出一对对情深意笃的恋人。

香烟茶水敬情人。布朗人男女皆嗜烟，进入青年时期后，都要备上自己的“烟锅”。“烟锅”用沙土制作，晾干后火烧进行“热处理”，再以竹类配上杆即成。茶叶在布朗族生活中占有重要的位置，是馈赠贵客的重要礼品，同时也是婚姻礼俗中绝不可少的物品。“串姑娘”中，当姑娘开门把小伙子迎进屋内坐定后，她便拿出“烟锅”，装上家中自种的烟叶，点上火，自己先吸上几口，然后递给小伙子们。布朗人认为，给别人敬烟自己先吸上几口是一种礼貌。他们认为只有敬给死人的烟，才不先吸上几口。敬完烟，姑娘便边烧开水边“烘茶”。所谓“烘茶”，是把茶叶放入茶罐中，拿到火上烘烤。边烘烤边不断摇晃茶罐，使罐内茶叶不断翻动，达到受热均匀的目的。茶叶烤到发黄的时候，便会喷出一股清香的味道。这时，先在罐内倒入少许开水，把罐晃动几下，将水倒掉，此时“洗茶”完毕。这是必须做的一道，谁家姑娘“煮茶”时不先“洗一道”，不但会被人认为不懂卫生、不会做事，还会被误解为看不起对方。之后，便加水“煮茶”，再用茶盅给小

伙子们敬茶。在敬烟、敬茶时，姑娘往往把第一锅烟和第一盅茶敬给自己的意中人。

树叶传情情更深。布朗族男女青年相爱以后，恋爱的时间比较长，两三年甚至更长。恋爱期间，一对恋人情意绵绵，一往情深，只要有机会他们便形影相伴，有时不能见面，他们可以用树叶传情。方法是，当得知恋人必走某条路时，就把树叶放在途中，恋人见到便会心领神会，恋情更浓。各种树叶的含义不同，竹叶表示"我等着你"；红毛树叶表示"我俩相爱永不变心，永不分离"；松树叶表示"我不断地回头看你"；扫把叶表示"我走得慢，边走边等你"。当然，如果发生忘恩负义、背叛爱情的事，也会引起对方的憎恨。亦可用树叶表示自己的愤怒和诅咒，坎戛叶表示蔑视和侮辱对方；辣椒叶表示"我恨透了你"；而橄榄树叶则表示"我恨你，要把你剁成肉酱"。

一篮香蕉定终身。布朗族青年在恋爱中有充分的自由。父母干涉的现象很少。青年男女在"串姑娘"和其他场合中找到自己情投意合的人后，便开始进入恋爱阶段。恋爱过程中，姑娘有时还会对小伙子来点"考验"什么的。如果双方确认感情可靠，可以结为夫妻、白头偕老，男方便告诉自己的父母，可以到女家"问媳妇"了。"问媳妇"时，男方的父母或自己前往，或请年龄更长的老人携一篮香蕉，并带些茶叶、烟叶、红糖、酒等前往女家，向女方父母求亲。女方父母若同意，

布朗族女孩向客人讲述"竹筒蜂蜜茶"

就收下这些礼。然后，把香蕉和烟叶分送给自己所有亲戚，于是亲戚们便知道姑娘已定了终身。

野鼠肉干敬高堂。布朗族的婚礼比较简朴，“问媳妇”定了婚事以后，就专候良辰吉日再“接媳妇”。“接媳妇”这天，两家都办酒席，请亲朋好友前来“做客”。酒席中有一道特殊的菜肴必须由新郎亲自烧制、烹调，送到女家。这道菜，妇女、儿童以及一般客人都没有资格吃，只能由女方的父亲、亲系叔伯和寨中年龄最大、最受敬重的男性长者享用，它就是人们意想不到的八只鼠肉干。鼠肉干上婚喜宴桌，而且如此严肃、庄重，人们自然会觉得太古怪、太离奇。其实它有着一段感人的传说故事。相传，很早以前有一位布朗小伙爱上了一位姑娘，姑娘也爱着这位小伙子。但小伙子家里很穷，姑娘的父亲嫌弃他，于是提出，小伙子必须送来八背篓的山鼠肉，才能让姑娘嫁给他。其实，姑娘父亲的真实用意是想借此推掉婚事，不料小伙子却坚决答应了下来。此后，小伙子不辞艰辛劳苦，不避严寒酷夏，他挖呀挖，三年后满满的八背篓山鼠肉干送到了姑娘父亲的面前。姑娘的父亲为小伙子对爱情的执着、真诚和吃苦耐劳的精神所感动，终于答应了这门亲事，使一对情人终成眷属。以后，布朗族就以八只来象征那八背篓，让山鼠肉干在婚喜宴席中占据重要的位置。这告诫青年人，对爱情要坚贞，并勉励他们用勤劳、用汗水去换取幸福。

背篓镰刀作陪嫁。布朗族是个勤劳、朴实的民族。小孩学会走路以后，父母上山劳动就经常把他们带到地里，旨在培养孩子勤奋、以劳动为荣的精神，再大一点就要他帮父母做一些简单的活计。布朗人把懒惰、好逸恶劳视为一种最可耻的行为。因此，姑娘出嫁时，除衣裳以外，随嫁的必有背篓和镰刀。布朗族女性携物全用背篓背。背篓上套一条背索，索挎头顶。背篓是女性的重要生产工具，采茶、背柴、运送粮食和其他物品，全都离不开背篓。在布朗族的劳动分工中，割

稻谷、割草等，大多是女性做的活计，故镰刀亦属女性重要的劳动工具之一。姑娘出嫁，父母总希望她到婆家后，勤俭持家，如若不然，父母就会感到丢脸。背篓和镰刀作为陪嫁物，可以说寄托了父母的殷切希望，铭刻着父母的谆谆教诲。当然，布朗族分布区域广阔，各地之间的交往受限很大，因此，各地婚俗也不完全相同。

## 第二节 责任的依托 爱情的港湾

婚姻是爱情停泊的避风港，家庭是责任依托的停靠站。布朗族家庭的构成维系了这个民族的不断繁衍生息和发展壮大。

布朗族家庭的产生和发展与其他民族一样，也经历了从“血缘家庭”、“亚血缘家庭”到“母系大家庭”、“对偶家庭”、“父系大家庭”和“一夫一妻制家庭”的演变，最终以氏族外婚的一夫一妻家庭固定下来。布朗族家庭充满着团结和睦、甜蜜温馨的气氛。

步入近、现代社会以来，布朗族实行氏族外婚和一夫一妻制，其基本生产、生活单位是个体小家庭。这种小家庭，布朗语称为“聂开”，它是由一夫一妻及其子女组成，部分家庭还包括父母和未婚弟妹，户均人口4～5人。

布朗族家庭的子女成婚以后便要与父母分居，无论有多少子女，最终只留一个子女在家与父母同住，继承土地财产并赡养父母。无子嗣之家可收纳同氏族或外氏族的孤儿为养子。养子长大成人后有赡养其养父母的义务，也有继承养父母财产的权利。有的无子嗣之家，也可以向生活困难、多子女的家庭讨要一个孩子来作养子。养子在家庭中不受任何歧视，与其他家庭的亲生子一样有同等的权利和义务。

在布朗族的小家庭中，父亲担当家长，负责全家每年的生产安排、经济开支以及对外借贷交涉等事宜。母亲是主妇，负责管理家务，如计划用粮、保管衣物、饲养牲畜、抚养儿女、烧火煮饭等。这也体现了传统上男主外，女主内的家庭分工。

布朗族家庭成员在生产生活中根据性别、年龄的不同还有所分工。种地时男子在前面耕犁，女子在后面播种；秋收时女子在前面收割，男子在后面脱粒。薅秧、收棉、种菜等这样的精细农活多由女子承担，伐木建房、开沟引水、修桥补路等这样的重活多由男子负责。农闲时节，男子上山狩猎，女子在家纺织；男子在家修理农具，女子上山采集野菜。老人一般在家做些轻微劳动，如饲养猪、鸡，编织竹器、领带小孩。有人上山劳动，有人在家看门，这样的家庭充满着温馨。

由于家庭生产是由全体家庭成员共同进行的，所有家庭收入均由家长统一保管、安排开支和分配。家庭中的所有生活资料，如被褥、衣服、首饰、器具等，在兄弟姐妹间可以共同使用，没有任何子女积有私钱、私物。家长在给子女添置衣物时也尽其所能做到公平合理。布朗族家庭是团结和睦的家庭，没有哪个子女因为家庭不公而引发矛盾。

当子女成年结婚与父母分居时，父母要分一部分生产资料和生活资料，使之能够独立生活。父母离世后，土地及财产等由赡养父母的儿子继承，如无儿子，女儿也可以继承。

## 第三节　快乐的节日　特殊的禁忌

### 一、名目繁多的节日

布朗族不仅节日活动多，而且活动内容丰富多彩。布朗族通过“过节”，追思历史，传承古风，走亲访友，在休闲娱乐中传递思想，交流感情。走进布朗山，走近布朗族，你就会发现，布朗族是一个最会享受快乐的民族。

布朗族的节日除少数是宗教活动外，大多数都是民间传统习俗节日。由于受到其他杂居民族的影响，有的节日与其他民族同过，有的节日是本民族特有的节日。无论是哪一类节日都浸染着本民族浓浓的宗教文化色彩。

春节。在每年傣历六月举行，时间为三天。第一天，准备糯米粉、黄豆等过节食品。第二天，杀猪宰牛、舂粑粑，并互赠糯米粑粑表示节日问候。事后，中老年人到缅寺赕佛，年轻人参与敲象脚鼓、击铓锣、唱歌跳舞、打竹球等娱乐活动。第三天到缅寺听佛爷诵经、滴水。各地布朗族的春节习俗也有所不同。墨江、双江一带的布朗族在春节时，初一凌晨要去山泉旁“抢新水”，象征新年吉祥。施甸的布朗族过春节，初一妇女和小孩不能出门，男子集体前往山上打猎。初二备办酒、鸡、菜三种，到山林先祭山神土地，后到龙潭祭祀龙王，祈求龙王年年吐水，风调雨顺。初三和初五，每日要祭祖先，互相拜年。有条件的村寨还要举行“唱灯”活动。

跳会。跳会是施甸一带布朗族贺观音老母的盛大节日，每年农历二月十六日、十七日举行。村寨头人要筹办素菜送到德斋寺献给佛祖老爷、观音老母。在寺前点香烧纸钱，次日带领全村老幼抬着三把用竹篾条扎成圆状的幡幔纸伞，青年击鼓敲锣，前往德斋寺祭佛祖。祭毕，围庭院而跳，耍九龙节。最后将纸伞烧于庭炉中，始散。

桑堪节。属布朗族最隆重的盛大节日，每年清明节后 7 天举行，即公历 4 月 13～15 日。双江自治县布朗族在泼水节期间全村青少年男女拿着竹盒、小竹篮到河中捞沙，背回缅寺。在缅寺广场前堆沙祭佛。次日中午，全村老幼穿着新装，手持株栗花、椿木树枝，齐集村头，青年击鼓列队前往缅寺，并把花朵、树枝插于沙堆上，每天插花 3～5 次，夜间，青年男女尽情狂欢，热闹非凡。桑堪节与傣族的泼水节多在同一个时间，节日活动富有傣族的宗教色彩。

端阳节。布朗族与汉族同过。施甸布朗族要举行“洗牛脚”仪式。在端阳节的头天晚上，每家将红纸裹于香柱，插于厅堂前，到端阳节这天，头人和村老共牵一只羊，手持杨柳、桃枝、黄泡树枝扎成一束，遍走各家门前，插一面红纸旗幡，用树枝扫一下门庭，祝主人吉祥平安。主人事先准备一瓢冷水，泼在两人的雨帽和蓑衣上，表示已洗去牛足迹。中午便将羊牵到树下杀之，每户家长带些米，煮羊肉稀饭，祈求全寨平安。

火把节。与拉祜族、彝族同过。每年农历六月二十三、二十四两日举行。二十三日，全村家长集聚村前神树下，杀猪祭五谷，盼望谷物生长良好。二十四日，各户到苞谷地祭祀山神，杀鸡、摆酒肉等贡品，祈求庄稼丰收。

奥瓦沙。亦称“关门节”，属于小乘佛教节日。每年傣历九月十五日举行。全寨赕佛，到缅寺听经、滴水，年满 40 岁以上的老人要住在缅寺。全寨停止生产一天，举行庆祝活动。3 天后，将缅寺大门关闭 3 个月，僧侣日夜诵经，禁出寺院。

考瓦洲。也称“开门节”。每年傣历十二月十五日举行。全村信徒携带贡品，前往缅寺施舍功德。男女老人进驻缅寺，听佛爷诵经，三日后返家，全村停止生产劳动三天。夜晚，男女青年尽情唱歌跳舞，击鼓锣。3 天后，将缅寺大门打开，僧侣方可出门串寨。

赶听。西双版纳布朗族盛大的节日。赶听并不定期，只要物质准备充分，便可举行，赶听有全寨性的大赕和私人大赕。赕，即捐物捐款、行善积德之意，布朗人认为“多赕多得福”。全寨性的“赶听”需时 3 天，由村社头人组织群众赕佛，赕品有僧侣的袈裟、银币、旗幡、酒肉等，承办者多为头人的富裕者。私人承办的“赶听”，多是一天。所赕得的贡品都给缅寺，信徒通过大赕，认为佛会降临幸福，死后能升入天堂。

新米节。农历七月中旬至八月初，选定某一天尝新米。谷子成熟时，由大儿子到“鬼田”（布朗语叫“纳谢”，提前插下的一小块秧田，栽秧时要祭秧神）里去割几穗谷子回来，摆在堂屋中，再加上一点老谷老米，一齐摆放桌上。找一对鸡，对着谷穗祝祷，然后杀鸡，煮整鸡，取出摆放桌上，再祝祷一次，感谢神灵的保佑。谷穗拴好，挂在家神台前。取一点新谷在铁锅中炒熟，放在杵臼中舂细，全家每人吃一点，最后在火塘上撒一点象征播种，然后全家进餐，以后再请来亲戚吃饭。按布朗族的习惯，没有履行“尝新米”仪式，新谷新米不能下锅，否则，米汤溢出，认为会大不吉利。

## 二、充满神秘的禁忌

布朗族有许多禁忌习俗，人人务必遵守。这些禁忌带着流传千年的原始宗教色彩，蕴含布朗古风的一些文化符号，至今仍无法破译，这使得布朗山和布朗族更充满了神秘。

布朗族地区有以下一些特殊禁忌：

在盛大的宗教活动中，妇女不得进住缅寺（佛），只能住宿于寺外广场茅屋中。

日常生活中，妇女不得从男人面前横过，衣裙不能放在家神柱上或男人睡处。

妇女不得爬上篾笆楼，禁止动男子弓弩或跨过男子使用的锄头、犁耙、扁担等生产工具，否则会认为不吉利。

布朗族的神龛和家神柱是供奉祖先的地方，任何人不得靠在旁边，否则认为得罪祖先，会给家庭带来不幸。

不能随意移动火塘上的铁三脚，火塘边上的铁三脚架搁歪，只能由家长或老人扶正，晚辈不能去扶正，以免引起不吉利。烘饭前不能把饭锅放在客人面前，只能放在上下方。

在家中不得唱山歌、高声喧哗、吐痰等，若有违反要向家人谢罪。

不得随意触摸僧侣和老者的头，否则会认为是不尊重对方。

不能擅自进入老人的卧室。

进入竹楼，家庭成员和宾客只能坐在火塘下方。登上竹楼时要脱鞋，表示尊重主人。

禁止砍埋细利树（细叶榕）。过寨心禁止骑马。祭竜时外人不得进入。禁止穿红衣服经过竜林（神林）。

绝大多数地区的布朗族禁止氏族内婚，禁止同姓通婚。按传统习俗，不许纳妾，不许在婚前和婚外发生性行为，如有违反必惩罚。

妇女怀孕期间不能填坑，不能补漏洞，不能让旁人踩着脚，不能吃献祭神灵的食品，不能砌灶，不能进入新娘卧室。不拿绿叶进家门，不拿野兽肉进家，产妇不满月忌串门。

凡雷击过的、断了梢的、藤条缠身的和供过神灵的树木皆不能做建筑材料；做“中柱”的树木在砍伐时不能出浆，出浆者认为不吉，必须另砍。

由于受傣族社会文化的影响，除上述一些特殊禁忌外，其他禁忌与傣族的禁忌大致相同。

## 第四节 习惯成法 人伦当理

### 一、古老原始的习惯法

自古以来，布朗族没有文字，也没有用傣文和汉文记载的成文法。但是代代相传的原始习惯法（相当于现在的村规民约）起着维护民族团结、促进社会安定的作用。布朗人若犯了某些法规，村社必按习惯法进行严惩。习惯法古老原始，传承久远，大家又称之为“原始法

律”。

纠纷处理。布朗族各家族之间如发生纠纷，先在本家族内请家族长出面调解，若解决不了，须得到村社头人“拔霍抛木”议事会去解决。如与外村成员发生纠纷，则请双方寨子的头人、各家族长共同协商解决，主要以劝导为主。某方如有说谎、诈骗行为，一经查出，要罚银元1～5元。若殴伤人者，罚银元1元，并负责医治伤者。如有人命案，要赔“人头”银33两。双方请头人来调解时，还得共同付给头人调解费，调解费的数目各村寨没有统的一规定。一般给头人送草烟1包、银元1枚。若系处理杀伤案件，需备米6公斤、肉2公斤请头人吃饭。

分家处理。西双版纳地区的布朗族男子“从妻居”满3年后，即带领孩子一起返回自己家居住，按“戛滚”的规定，如果另组成小家庭，其土地、房屋、大牲畜属全“戛滚”所有，大家可以共同使用，而属于生产、生活用具的则平均分配。居住在施甸、双江、墨江等地的布朗族，当男子长大成亲后，即可建立个体家庭，与父母分居，财产由男子继承，女儿无继承权。在分家时，凡属家庭的土地、山林、果木林、粮食、财物及生产、生活用具，请头人和家族长协同分配。如果长子赡养父母，则父母所得部分由长子管理；如父母由幼子抚养，归幼子管理。按布朗族的习惯，主要应由长子抚养父母，否则被认为不孝，被社会舆论所谴责。

非婚子的处理。按照习惯法，未婚男女之间若发生性行为，男子要付给女方4～5块银元，称为“睡钱”。如女方怀孕，男家要补偿女家9块银元、1匹布（约2米）、1块盐巴、1筒米及1只狗。如果是有夫之妇与有妻之夫通奸者，一旦察觉，男方要赔女方原夫27块银元。若已婚男子与姑娘通奸者，男子要赔偿姑娘28块银元，作为“洗脸钱”并令其断绝暧昧关系。如有私生子，姑娘出1块银元、1筒米，男子出2块银元、1筒米、1对蜡条共同向召曼（相当于现在的村长）“索玛”（行磕头礼），请召曼转靠寨神“得那曼”以消灾祛祸。

离婚的处理。偶有夫妇不睦，先经双方父母、亲友的劝解，再经过村社头人和老人的劝说，尽量调解双方和好，如果双方还坚持要离婚，则请证人拿一对蜡条，双方各持一端，由一方用剪刀对半剪开，各人拿一半，从此分手，互不相干。按一般习惯，离婚的主动权在于男子，表现在剪蜡条时，男子抢先剪，也有女方先剪蜡条的，作证人问双方：“你俩同意离婚吗?”双方都同意离，才允许剪蜡条。至于财产处理，如果男子主动离婚，要给女方23块银元，赔偿黄牛1头，婚后无子者，女方付给男子28块银元，女方分得财产2/3，若生有男孩子，幼儿由母抚养，长大后，仍归男方的家族，若生女孩，则归母亲，留在母亲的“戛滚”内。

近亲通婚的处理。布朗族严禁近亲通婚，如果发现本“戛滚”（家族）内，姑表、姨表之间青年男女发生性关系，双方要求结婚者，要举行“同槽吃食”仪式，以示羞辱，婚礼只能在竹楼外空地举行，亲友不参加婚礼，只要双方父母给他们拴线、滴水，就算结婚。如果是两家族互相通婚的，双方老人都不能参加婚礼，新婚夫妇要在邻居家居住一年后才能搬回自己家中，从此得到社会舆论的公认。

偷盗处理。西双版纳地区的布朗族在处理偷窃案件时，由头人出面解决，除偷盗的人必须赔还失主赃物外，还要另打示众，由偷盗者出1块银元向召曼“洗脸”认罪，表示悔过。临沧一带的布朗族发现偷盗者，当场捉拿或上告头人，进行严惩。失主上告时，要付给“召王”头人铜钱200文、酒1壶，头人才处理，把偷者叫到家中审问，如偷盗者态度较好，可以轻罚，否则严加惩处。处理轻重视被盗物价值及坦白程度。一般先请调解人劝说失主：“水泼了是不能还原的，能容人处且容人。”若偷盗者是外寨人，还要请吃“讲和饭”，费用由偷

盗者和失主双方平摊，罚款由偷者偿付，如果贫穷而无法偿还者，则以“帮工”劳动抵债。

违教处理。布朗族每年举行盛大的宗教节庆，本寨成员上山劳动时，必须在祭祀前返回。外寨亲友或陌生人禁止入本寨，如路过也要绕道走，否则要罚款。双江一带的布朗族每年七月祭“小竜”，全村成员不能上山“割绿”（指一切绿色的野麻、野菜或茅草），不能结婚、盖房。

改革开放后，随着科技文化和法律知识的普及，布朗族的思想观念有了较大的变化，传统的原始习惯法在布朗族年轻人的心中已逐渐淡化，大部分原始习惯法早已成为一种历史在人们的口中传述。

## 二、世代相传的社会美德

布朗族人民在长期的生产、生活过程中，逐渐形成了社会伦理道德准则，代代流传。这些伦理道德包括以下一些内容：

尊老抚幼。布朗族具有尊敬长辈的传统美德。对老年男子尊称为“达”，对老年妇女则尊称为“牙”；楼中的火塘正上方是年老人或家长的睡卧处，年轻晚辈不能随便去坐；老人的话后辈要听从，年轻人和小辈要主动为老人、老辈让座；吃饭时，老人坐上席；喝茶、吃饭、喝酒时要先敬老人，吃饭要等老人先动筷后，晚辈才吃；在老人面前，后辈的言行要庄重严肃等。布朗族认为：“九个青年人也比不上三个老年人”；“地中心有蚁塚，谷子才会成长；寨子里有老人，子孙才会兴旺”；“老人早在世，先见阳光，眼界开阔，经验丰富，讲话有本有源，道理深透”，因此，必须尊重老人。同时老人对后代子孙也很重视教育和爱护，当孩子刚懂事时，老人不仅教育他们热爱劳动，还不断对他们讲做人的道理和遵守习惯法。爱抚幼小，是布朗族的传统习惯。若发现某家的孩子父母双亡而失去依靠时，族长可以指导孩子的近亲对孩子承担抚养的责任，直到他（她）成家为止，很少有中途被遗弃的孩子。负责抚养者不要求被抚养者将来作任何报答。

团结互助。布朗族人民都具有团结互助的传统习惯。在生产方面，同家族人员之间借种土地不用报酬，只要口头说一声就行。没有种子，也互相赠送。在生产过程中，如砍地、薅草、割谷、脱粒等，家庭成员之间多实行不计报酬的互相换工。一家有事，全寨相帮，完全自愿，不要报酬，出钱“请工”被认为是小气。助工者自带饭食，主人不需铺张，至今如此。在生活上也互相帮助，如本氏族内有人生病时，各户都前来慰问，白天有老人探望，晚上有年轻人轮流守护身边。死亡后家属因贫困无力埋葬时，由家庭内各户凑钱，帮助料理丧事。另外，对无依无靠的孤、寡、独户，家庭内实行抚恤，负责养老送终。家庭成员有婚嫁时，要宴请全氏族的人，女方要把男方送来的礼品分成小包转送氏族内各户亲属。同家庭成员盖新房，第一天由主人向各户送草烟一小包，邀请族人帮助。第二天亲友前来帮忙，有的还送粮食，木料、篾条和若干块草排，主人家只招待帮工伙食，不另给报酬。平时猎获野兽，除交头人一腿之外，亦要分送一块给家庭成员表示“骨肉至亲”。同氏族、家庭成员之间团结性强，一般不兴分家，如果兄弟较多，实在不得已要分，一定要把屋子盖好，让分出去的子女基本能独立成家过日才分家出去，分家要求和睦相处，做到有难同担，有苦同吃，和和美美，要不然会被全寨子人取笑。布朗族往往一家有事，大家帮忙，如有还不起债大家就凑钱帮还。布朗族一般不做违法之事，寨内也很少有偷盗、械斗等，间或有因偷盗、殴伤人命或受头人压迫等被罚款，当事者无力支付，也由家庭成员帮助解决。布朗族和谐的社会风气营造了安定的社会环境，布朗族几乎没有触犯法律的违纪违规行为。

热心公益。布朗族人民都很关心本村寨的公益事业，一般情况下，

由布朗族青年领头人组织开展公益活动。男青年的领头人叫“堵格”，女青年的领头人叫“雅格”，年满 15 岁的未婚男女青年都要参加。从事公益事业的活动费用由成员捐献。主要公益事业有：盖缅寺、建凉亭、搭桥、铺路、打扫公共卫生、修水井、保卫村寨安全、传递信息等。无故不参加的，要受惩罚。

路不拾遗。忠厚老实是布朗族人民的品格，布朗族从不贪小便宜，真正做到路不拾遗，夜不闭户，对人真诚，讲究信用。布朗族长辈历来教育子孙：不经别人同意不得擅自拿别人的财物，更不能偷窃。如果在途中拾到东西，要及时归还失主。过路时实在口渴，可以摘人家的水果吃，但不得带走。

热情好客。布朗族为人和善，热情好客。如路遇途中行人，无论生疏都要让行。陌生人进村，都要打招呼。有人询问事情，要恳切地给予回答。布朗族性情豪爽好客，认为家中来了客人，是吉祥的预兆，因此总是热情接待，用家里最好的食品招待客人，用最新的被褥给来客垫盖。

勤劳俭朴。布朗族居住山区，生产条件很差。人民世代艰苦创业，俭朴成风，精打细算，衣食节俭。虽然不富裕，但大抵能做到细水长流，基本生活有所保证，布朗族没有因饥荒而逃离家园。

善于学习。布朗族在与其他民族交流中，善于学习他们的长处，接受现代教育，新中国成立以后，入学率也比较高。由于布朗族善于学习，多数布朗族都同时掌握其他邻近民族的语言，了解他们的风俗习惯，并与其他民族打成一片。

# 第五章

## 肥沃的土地　勤勇的民族

### 第一节　丛林中的黑精灵

远古时代，布朗族生活在澜沧江和怒江两岸的原始丛林中，主要以采集和狩猎为生，过着原始游群的生活，他们是丛林中的黑精灵。

布朗族认为，人是从葫芦或石洞中出来的。他们在民间故事里讲到：远古时，有个葫芦，里面装满了人，葫芦口是封着的。一天，忽然飞来了一只大天鹅，把葫芦啄开一个洞，人们才从葫芦里出来，然后分散到各地，搭起草棚居住在一起，繁衍成今天的布朗族。又说：有人用烧红的铁锥钻入木头中，布朗人便从木穴中钻了出来，由于木穴被铁锥烧黑，所以他们的皮肤都变成了黑色。

这些传说，反映了布朗族曾经历过“穴居野处”的原始生活。

处于原始游群时代的濮人，主要从事狩猎、采集活动。使用的狩猎工具，大都是竹木制成的弓弩，他们射杀林中的野兽，百发百中。汉文献记载：濮人“勇敢矫捷……善用白箕（一种坚竹）竹弓，深林间射飞鼠，发无不中”，“性勇健，髻插弩箭，兵不离身，以采猎为务”。

布朗族生活的地方，山势连绵起伏，树木高大茂盛，山林里栖息

着多种珍禽异兽，为适应这种自然环境，布朗族历史上便以游猎为生，有长期的狩猎经验。布朗族进行狩猎活动一般不分季节，但多在秋后的农闲时进行。有个人单独行动，也有几个人相互邀约结伴去狩猎和村寨集体组织围猎等几种形式。狩猎工具有火枪、弓箭、长刀、地弩、套扣等。狩猎方法有集体围猎、设计陷阱、置地弩、火攻、隐蔽待猎、追击等多种方法。猎捕麂子、马鹿，多用设陷阱的方法，有两种形式：一种是先探准野兽经常通过的林间小道，在小道上挖一个深坑，用树枝、干草掩盖起来，在坑上安置机关与绳套，绳的另一端拴在压弯的树枝上，当麂子等动物踩着机关与绳套时，连接绳套另一端的弯树枝立刻往上弹起，猛地把绳套拉紧收缩，紧紧套住动物的肢体，动物一挣扎便陷入暗坑内动弹不得，成为猎人捕获的猎物。另一种也是在野兽经常出没的地方，挖一个陷坑，坑内安插若干尖利竹签，上面用树枝掩盖，野兽行走落入陷坑时，即被坑内竹签刺伤，跳不出来。为预防误伤行人，猎人常在陷坑周围插上十字架标志，过路人见到标志，知道有危险，即绕道而行。设地弩也是在野兽经常走过的小道上，设下弩箭，若野兽踩着连接机关的绳子即被射中。人们常用弓弩射杀松鼠、山鸡等小动物，用鸟扣诱捕小鸟。

集体围猎时有所分工，一些人带着猎狗负责哄撵，一些人持火枪、弓箭埋伏于野兽经常出没的路口。狩猎时，负责哄撵的人在林间吼叫或吹响牛角号，猎狗四处寻嗅，若发现野兽足迹，便会立即狂叫起来。这时，野兽往往受惊逃窜，哄撵者向伏击的人发出呼叫，指示野兽逃跑的方向。集体狩猎中，凡打着野兽，均整体抬回击中者家中切割分配，打中野兽的人分得兽肉的1/3，其余2/3则由众人平均分配，猎狗也分得一份。兽头则由击中者煮熟后与大家会餐。每当众人打着野兽归来，到了寨边要鸣枪向寨人报喜。众人听到枪声跑去迎接，因而分肉时每人也分得一小份。若是单人出猎，打着小的野兽自己扛回家，前来观看的人也得一小份。打着大的野兽时，就回村寨请人帮忙去抬，分肉时自己得 2/3，帮抬的人得 1/3。此外，猎者还要将自己名下的 2/3的兽肉再分给本氏族成员，因而所得的兽肉很快就会分光吃完，最后只剩下兽皮归自己。

布朗族在狩猎活动中有许多禁忌。如带到野外吃的午饭不能包腌菜，因为布朗语中“腌菜”与“扑空”音同；又如夜里做了不吉利的梦兆时，就不能出猎，否则认为会受伤；在出猎途中遇见不愉快的事，如看见别人吵架或看见蛇横穿行路，猎人会毫不犹豫地返回村里休息或参加田地劳动。猎人在每次出猎前，都要请人占卜，然后根据占卜结果决定当日是否出猎。

狩猎主要由男子承担，采集则由妇女担负，她们每到采集季节，集体前往山林或溪沟，采集野菜、野果、植物块根、菌类，或捉昆虫。据元史载：濮人多“持木纬以御强暴，不事农亩，入山采草木及而动物食”，当时，所捉昆虫有土蜂、蛇类、蛤蟆、蜻蜓、蝼蚁、水虫等，都捉来吃。吃东西时，用阔树叶或芭蕉叶将食物包裹后，用手抓食，正如《云南志略》记载：“食无器皿，以芭蕉叶藉之。”进入农耕社会以后，也由于生产力落后，粮食产量低，缺粮的现象十分普遍。为了弥补粮食的不足，布朗人相约到山林里采集各种可供食用的野果、野菜、野花、竹笋及菌类，用以度过缺粮的日子。采集多在春秋两季进行。布朗族地区采集的野生植物有 40 多种。

古代濮人由于火的发现，采集、狩猎的兴起，带来了稻谷的栽培及种植的成功，这不仅补充了人们的物质生活，而且妇女的社会地位亦随之提高，于是产生了以母系为主体的社会。当时使用的生产工具除沿用过去的竹木农具、弓弩外，还有用石块磨制的石器。布朗族使用过的一种石头磨制的石地凿，形状似矛头，尖端锋利，头约 30 厘米，捆扎于木棍一端，可以点穴，播种子，后来发展在木棒尖端装上

铁片，代替原来的石凿。这些石凿是古代新石器遗迹。今天，在施甸、勐海、孟连等布朗山寨还不断发现磨光的石斧、石刀、石轮等新石器文物，这些都说明布朗族先民在母系制时期曾使用过新石器，它使布朗族的先民从“茹毛饮血”的时代，跨进了原始农耕社会的行列。

唐宋以后，地处澜沧江中、上游东岸的顺宁（今凤庆县）、景东、景谷一带的濮人，因吸收南诏、大理国的经济文化较早，开始出现了部落酋长，并从游猎、采集活动逐步过渡到农业生产和实物交换。初级的交换，主要是把牧畜作为交换货品，通过马茶互市，促进了农业生产的发展。竹器编织、纺织染色也随之盛行。妇女所织的“青婆罗缎”为澜沧江两岸各族人民所喜爱。而地处怒江两岸的濮人，已采用木棉纺织成最负盛誉的“桐华布”，其棉丝洁白柔软，幅宽 2.5 米，可缝制衣服，或出售。他们养桑蚕、缫丝，织成华丽的“绵绢、彩帛、文绣”，还能染色。据《后汉书》记载：“哀牢夷知染彩细布，织成文（纹）如绫绢。有梧木华，绩以为布，广五尺，洁白不受垢污。”元代时，蒙古军在元世祖忽必烈的统率下，到达滇缅边境，促进了各民族的经济文化交流，民族之间交往频繁，互通贸易。地处永昌的凤溪（今昌宁）、施甸二长官司的濮人，有的已从汉俗，讲汉语，融合于汉民族之中。同时，随蒙古军征战前来的契丹族士兵，后来也落籍于昌宁、施甸，融合于濮人中，至今已有 700 余年历史。昌宁、施甸的布朗族现仍保留着不少祖先遗留下来的家谱碑文。记述了当时濮人的生活是“耐劳苦、勤耕锄”，他们已经能种植荞麦、棉花、黑豆等作物。

明清以后，濮人的社会生产力有了发展，物质、精神文化生活也随之发生很大变化。由于从游猎跨入农耕时代，住宅已慢慢从临时搭盖的茅棚，进入土木结构的建筑，边远山区则是竹木结构的“干栏”竹楼。服饰也有了变化，大多数濮人男女皆束发为髻，男子以青布裹头，衣着青蓝布，披皮毡，佩刀跣足，刀鞘上还漆着“绿漆”，壳上面插着孔雀羽毛，姿态英武潇洒。妇女着花布短衫，头发挽髻，上插骨簪，外缠青布包头，下身着黑色长裙，裙带上蔽乳部，长至膝盖，小腿扎数道藤篾条制成的黑藤圈，头戴篾帽，双耳戴大银环或铜圈，手戴铜镯，用蓝色或绿色的珠串套在脖子上，珠串越多越显示庄重和富裕，而项链则挂满五色烧珠与海贝，长达脐部，显得婀娜多姿而又雍容华贵。而居临沧一带的濮人所着服饰极为简陋，男子的衣衫仅用两块布相缝合，中间开一孔，穿戴时从头套下，富裕人家是用红黑线缝制，贫者也用黑白线缝成，衣无襟无袖，两臂裸露于外。妇女衣着是用黑线或红线织成的布缝合成一块，披搭于右肩，另一边由左腋下穿过挂在胸前，下身围一块黑色或白色的遮羞布，腰部系一条用海贝串成的腰带，手戴铜镯，耳垂银环。住宅有土屋和干栏竹楼两种，“无论寒暑，均无衾被”。冬天，全家人靠近火塘边，弯曲着腰身，睡在竹板上。

这就是布朗族的祖先，古代濮人原始的社会生活风貌。

## 第二节　黑土地上的耕者

### 一、布朗族原始的农耕生活

布朗族作为云南最早的原始居民之一，长期居住在山区、半山区，原始的农耕文化的产生，与他们原始的生产生活方式有着必然的联系。以农耕节令计时，作为本民族历法，反映了这个民族具有悠久的农耕历史，同时它也承载着其他更为深广的文化内涵。布朗族的农耕文化，充满着原始民族崇尚巫术的风俗和笃信鬼神的色彩。

新中国成立前，布朗族地区的生产方式十分落后，多数地方只能从事“刀耕火种”的农业生产。农作物主要有旱稻、玉米，其次是小

麦、荞麦、瓜豆之类的“杂粮”。布朗族种植农作物的地块以旱地为主，20 世纪 20 年代以后，有的地方开始有水田。

布朗族地区进行农业生产的生产工具主要有：长刀、斧子、镰刀、镞、锄头、犁、木齿钉耙等，其他辅助的生产工具还有：筛子、簸箕、竹箩、弯棍等。

在农业生产中适时耕作，按季节播种，是保证粮食作物获得收成的首要环节。违背农时，逆时而作，只会徒劳无收。在接受佛教文化和傣族文化以及中原文化传入之前的漫长时间里，布朗族还没有产生自己的历法。他们只是根据一年的时间里各阶段气候变化情况，区分出什么节气能做什么，以此把一年分为六个时段。即第一时段是砍老火地、修沟、砍柴季节，亦可称备耕季节，时间大致是阳历 12 月至翌年 2 月。第二时段是烧老火地季节，时间是阳历 3 月。第三个时段是拣地、整地季节，时间是阳历 3 月下旬至 4 月上旬。第四个时段是播种季节，时间是阳历 4 月中旬至下旬。第五个时段是薅地季节，时间跨阳历 5～9 月。第六个时段是收割季节，时间为阳历 10～11 月。这种依农耕计时、划分季节的方法，至今还被居住在澜沧自治县芒景村的布朗人传承保留。他们把六个时段称为：“娘们马”、“娘俗马”、“娘明马”、“娘么”、“娘两马”、“娘娥娥堆我”。

新中国成立后，布朗族除使用一些竹木工具外，小型的铁制农具已被先进的工具所代替，如宽锄、条锄、铁犁铧等都可以从当地的民族贸易公司购入，本民族的铁匠也能及时修补铁制农具，大大地提高了生产力。

## 二、布朗族与茶源远流长

有专家提出，茶叶是云南古代“濮人”最早发现和种植的。作为“濮人”的后裔，布朗族有着十分悠久的种茶历史。

关于茶，临沧、普洱和西双版纳地区的布朗族在传说中讲道，是古时候的“浦蛮王”留给他们的。传说：古时候，布朗族有一个能文能武、本领高强的头人——艾冷。他曾被任命为王，统辖自己的部族，在民族的兼并征伐中屡立战功。在与异族首领比武和斗智时，频频战胜对手，因而遭到极大的嫉恨，最终被异族首领设计害死。他死后依旧挂念着自己的部族，有一天晚上，他化作神仙乘夜幕降临于芒景的上空，对村民们说：“你们知道我已经死了，从今以后就永远离开你们。但我还在挂念你们、关心你们。我想给你们留下牛马，但我担心它们会因瘟疫而死尽。我想给你们留下金银财宝，但我知道你们终会有用完用尽的一天。我留给你们茶树吧，让我们的儿孙万代永远吃不完用不尽。”从此，布朗族居住的地方就生长出片片茶园。这个故事告诉我们，茶叶的发现、栽培、饮用和经营，是布朗人的祖先流传下来的。

布朗族人工栽培古茶园

如果认真去考察布朗族的原始宗教及其祭祀活动，就会有许许多多关于茶的发现。

祭竜是布朗族的原始宗教活动，它是布朗族古老的信仰。每年的阴历二月，寨民们便到竜树下举行一次隆重的祭祀活动，祭品有鸡、猪、茶、米、酒。这说明，在竜神产生的原始社会时期，茶叶已经进入了布朗人的生活。

布朗族地区茶祖塑像

在茶树驯化方面：1991 年 3 月，普洱市茶叶工作者何仕华在澜沧县富东乡邦崴村发现一株大茶树，1992 年 9 月，经全国茶叶 20 人专家组实地考察论证，邦崴古茶树高 11.8 米，根径处干径 1.14 米，树龄千年左右。专家组一致认为："澜沧邦崴大茶树是野生型与栽培型间的过渡类型，它反映了茶树发源与早期驯化利用同源，为区别于一般古茶树，定名为'邦崴古茶树'。"从文物考古角度来看，澜沧邦崴村及周围村寨一带是新石器时代古代濮人从事劳动生产活动的区域和生活村落，1983～1984 年思茅地区文物普查时，在这一区域发现较多的石斧、石环、石矛，其文化类型属云南忙怀类型，而临沧忙怀新石器文化与古代百濮先民有较多的关系。布朗族先民“濮人”在游猎生活中最先认识并驯化栽培茶树，从其语言演变的脉络看，布朗族先民称用作佐料的野茶为“得责”，把栽培的家茶称为“腊”，由此可以看出布朗族先民对茶认识利用的渐进过程。布朗族先民最初把茶归入佐料“得责”中，是为初识阶段，后来的栽培家茶有了“腊”的专有名词，是为进入人工栽培利用阶段。因而可以认为，布朗族先民濮人是澜沧邦崴过渡型古茶树的历史主人。

在栽培种植方面：著名民族学家马曜教授主编的《云南各族古代史略》中说：“布朗族和崩龙族（德昂族）历史上统称扑子蛮，善种木棉和茶树，今德宏、西双版纳还有一千多年的古老茶树，大概就是崩龙族和布朗族的先民种植的。”据《史记·周本纪》中记载，早在周武王伐纣时（公元前 1122～前 1116 年），参加征战的巴蜀等南方小国部落就有以茶叶作“贡品”的。这以茶叶作“贡品”的南方小国部落，当指善种茶的德昂族、布朗族先民濮人部落。经调查，历史悠久的勐海南糯山八百年栽培型大茶树及其茶园，是距今五十五代人之前被称为“蒲满族”的布朗族先民栽种下的。澜沧景迈栽培型千年万亩古茶树，是傣历五十七年（695 年）由布朗族先民濮人栽种的。临沧的布朗族地区有着许多驯化栽培的大茶树大茶林。西双版纳勐海布朗山等地有着许多布朗族栽培种植的大茶树大茶林。勐腊易武曼撒茶山，是昔日普洱六大茶山之一，在石屏人未来之前就有本族人种茶了，这里最早种植茶树的是曼乃寨的布朗族，汉族称他们为“本人”。在云南，凡有布朗族、佤族、德昂族这些古代濮人后裔分布的地方，大都有茶树，有栽培种植的茶叶，可说是最早识茶种茶的民族。

在茶叶加工方面：唐咸通三年（862 年）樊绰撰《蛮书》卷七载曰：“茶出银生城界诸山，散收无采造法。蒙舍蛮以椒姜桂和烹而饮

之。”“银生城”即今普洱市景东县，唐南诏时“六节度之一”。“诸山”泛指无量山、哀牢山。“蒙舍蛮”中亦有“扑子蛮”布朗族，远古时“无采造法”而“和烹而饮之”。明代万历年间第一次出现“普茶”之名，明代学者谢肇制著《滇略》中曰：“士庶所用，皆普茶也，蒸而成团。”澜沧布朗族叫“蒸而成团”的圆形紧压茶为“腊广”。明代谢公提到的是“普茶”，没有“洱”字，明代时就叫“普茶”，指的就是濮人做的茶即“濮茶”。

布朗族茶饼

那么，茶在今天布朗人的现实生活中又如何呢？

布朗族居住的地方都是山区、半山区地带，他们历史上长期种植、经营茶叶，而茶叶曾有绿色丝绸、绿色金子之称，故而，茶叶始终是布朗族的经济支柱。除了茶叶以外，他们不善于种植和经营其他经济作物。例如，双江县勐库镇的公弄村，人均仅有 0.2 亩的水稻面积，而茶地则达人均 6 亩以上。茶兴则民兴、茶衰则民衰，茶叶无论在他们的经济生活还是文化生活中都起着举足轻重的作用。他们的生活离不开茶叶，或贫或富、或悲或喜，唯茶是举。茶与他们的生活有着极为重要的联系。

布朗族早就认识到饮茶食茶对人体的诸多益处。他们在历史上就有以茶入食的习惯，其中嫩茶拌豆腐最为著名。布朗族有制作腌豆腐的习惯，每年冬腊月间，家家户户都要做够一家人食用一年的腌豆腐及其他酱菜。春回大地，茶树苏醒，绿叶满枝。茶农起早贪黑上山采茶，山路遥远，他们就备上一盒饭，并在竹制的菜筒里盛满腌豆腐。中午吃饭的时候，只需将刚从树上采下的鲜嫩的茶叶和着腌豆腐搅拌，就可成为一道下饭的好菜。食之苦中带辣，而后是浓浓的回甜味，满口清爽。布朗族古代把野茶作为野菜，当“佐料”食用，称为吃“得责”（生茶）。至今，澜沧景迈、芒景的布朗族上山干活时，带上冷饮、腌菜、辣椒和盐巴，吃饭时摘上一把生茶“得责”，蘸盐巴、辣子吃。随着布朗族对“得责”野生茶的认识加深，经过人工种植、驯化、转化成栽培家茶的“腊”后，需求量也增加，发展到大面积种植的新阶段，布朗族人日常把“腊”（茶）采下来带在身上，劳动累时就把“腊”（茶）放到嘴里含着，用口含“腊”消除劳累。

采茶的布朗族姑娘

以茶入药，也是历史上布朗族饮茶用茶长期使用的方法，值得一提的是“糊米茶”和“明子茶”。糊米茶的制作方法是：先把土茶罐放入火塘中烤热，放入适量糯米烤黄，再放上茶叶同烤，加入开水，再放入事先切好的通管散、甜百改、姜片，还有从山上采回来的一种灌

木的叶，叫扫把叶。待上述各种原料烹煮、开沸数分钟后再加入红糖，红糖化尽，溶解完毕，茶水泛波，色彩澄黄，其味诱人。此药治久患感冒、咳嗽、喉痛、肺热干燥等病。

明子茶的做法与糊米茶相似，只是用配料时，以松明取代通管散、甜百改和扫把叶即可。此药治肠胃不适、便秘等病。

茶在布朗人的观念中是圣洁之品，可供献祖宗神佛，也可馈赠亲朋好友。在最庄重的婚约定亲礼品中，也少不了茶叶。直到今天在广大布朗族农村，当男青年找到对象、选中意中人，双方情投意合可以定亲时，父母就要托亲戚中的长者，到女家“问媳妇”。“问媳妇”主要是试探女方父母意见如何，而非定亲，故所带礼品数量不多，然而，茶叶是决然不可以少的。

竹筒茶、酸茶、竹筒蜂蜜茶，是历史上布朗族独有的茶技。

竹筒茶的制作方法是：将鲜嫩的茶叶采撷回来后，砍来竹子，做好竹筒。筒底留实心竹节，另一头去竹节做筒口。然后将鲜茶叶杀青，趁热塞入竹筒中，边塞边捶紧。再将竹筒置于火上烘烤，当竹筒烤焦后，筒内的茶叶也已烧干。竹筒茶的优点：一是其味独特，二是久放不会变质。

酸茶的制作方法：将采回的鲜茶叶煮熟，加上辣椒、姜

布朗族老人在制作竹筒蜂蜜茶

等配料，搅拌、混合后装入竹筒或陶坛内，用笋叶封口扎紧，放置发酵至发酸。酸茶既可作菜上餐桌，也可开水冲泡作饮料。有些人还喜好当零食直接放入口中咀嚼。

竹筒蜂蜜茶制作工艺较为复杂，但也是接待上宾的贵重饮品。贵客光临，要采来鲜嫩的茶叶，砍来新鲜的竹子，将竹子制作成筒，塞入茶叶后将竹筒放入火中烧烤，直至筒内鲜茶叶煮熟。而后把竹筒从火中取出来，将茶叶放入碗中，加入蜂蜜，再把烧沸的开水冲入碗中。这时满屋飘香，一碗黄中带绿的竹筒蜂蜜茶就捧到贵客的面前。有竹味和茶味，再混合着蜂蜜的味道，真是美不胜收。品味这道茶，尽可意会，却很难言表。

## 三、布朗族的纺织，历史悠久

根据有关专家的研究，云南的纺织历史可以大致分为三个历史时期，即新石器时期、青铜器时期、西汉至元明清时期。而在纺织技术上，新石器时期是原始手工纺织形成的时期；青铜器时期，是手工、机器纺织形成时期；第三阶段即西汉至元时清时期，是手工、机器纺织发展时期。

从《华阳国志》、《后汉书》、《蛮书》等古籍中，我们了解到早在西汉至唐代，云南古代哀牢国等地的“濮”族部落和其他民族，已经种植棉花，并能用它来织布。这里“宜五谷蚕桑”，“出铜、铁、铅、锡”、“尤多珍奇宝货如黄金、光珠、琥珀、翡翠、孔雀、犀、象、帛叠、染采文绣、兰干细布、水精、琉璃、轲虫、蚌珠、食铁兽、能言猩猩”，还有“濮竹”，而最著名的是“桐华布和兰干细布”。此布“其华柔如丝，民绩以为布，幅广五尺”。从这些史料中，我们了解到布朗族的先民早就掌握了纺织技术，他们有悠久的纺织历史。有专家提出，史书中所载汉时云南所出“帛叠”（又名白叠）、“榻布”，即是今布朗

族所穿土白布和用来做被盖的“牛肚被”。

新中国成立后，在双江自治县邦丙乡的布朗族各寨，人们依旧自己种植棉花、自己纺线织布、自做衣装。每户人家至少要种两亩棉花，人多地多者则种得更多。种棉地是有讲究的，要选土层厚、质地肥沃优良的地。于上一年的10月、11月把土地圜好，还要尽可能多地弄些草、树枝覆盖其上，待干燥以后用火烧成灰肥，来年的1月左右挖地。挖好的地至少要晒一个月时间。棉地忌用牛犁，翻土只能用锄头。4月撒棉籽，播撒棉籽前要整地。所谓整地就是把已挖好晒干的土再挖一遍，要把土敲得很细很细，要把石头、树根树枝拣干净。

待上述准备工作全部做完后就要祭棉神，祭棉神只须到寨外与棉地同一个方向的任何地方都可以，没固定地点，也不用到棉地里。方法是带一把棉籽，在野外找一棵树桩，在树桩周围挖一浅沟，撒入棉籽，边撒边念祭词。祭过棉神后才能播种棉花。正式播种撒棉这一天要让亲戚帮忙，傍晚收工回家做“鸡肉烂饭”，以求棉花丰产。

棉花成熟收棉要选好日子。要于头一天举行收棉祭祀仪式，方法是从地里采回少许棉花放在自家神台上，同时要用一块盐巴和一些果品从棉地晨请回棉神。在家中祭完棉神后，盐块和果品要分给左邻右舍，而神台上的棉花只能做灯芯或腊条线，用于祭神献佛。

地处大山的布朗族村村寨寨，至今家家户户都还有整套齐全的老式纺织工具：压棉机、纺线机、织布机。他们自己织的土布幅宽约1.5尺左右，长度则视需要情况来定。可长至30余米。花纹有头戴的，如男女包头，有“庄”、“甫路”、“药母”、“古”，上身穿的有“哲母”，下身穿的有“沙讲”。最有意思的是，在布料花纹中有一种“了”的纹式。按民间说法可以驱鬼辟邪，是专为男人制作的，因为男人经常在外出远门，身上穿有“了”的布做的衣服或背这样的包，坏人想放鬼害他也害不了。

布朗族的布料和衣着色调均以黑色为主。染布的染料均取自当地汉语称为“靛墨”的植物，布朗语称为“腊阿”（实为板蓝根）。将其割回浸泡（热天泡 4 天，冷天泡 8～10 天），取其淀粉使用。配料有火灰、石灰、酒等。

布朗族是一个尊古、怀旧的民族，至今还在沿袭着数千年前的传统文化。今天他们依然保留着自己种棉、纺线、织布穿衣的生活方式。

## 第三节　在希望的田野上

新中国成立后，在党和政府的支持、关怀下，布朗族人民和当地其他民族一道，在社会主义的各个历史时期团结奋斗，艰苦创业，社会面貌发生了翻天覆地的历史巨变，政治、经济、文化、社会各项事业取得了令人瞩目的成就。在祖国温暖的大家庭中，布朗族告别旧社会，迎接新生活，在希望的田野上走向了新时代。

实行民族区域自治，布朗族人民实现了当家做主的权利。20 世纪 50 年代初，布朗山区人民政权建立后，上级政府根据党中央边疆民族地区工作“慎重稳进”的指导方针，结合边疆后进少数民族地区的实际，制定了“直接过渡”到社会主义的政策。还从布朗族地区的实际出发，区别不同情况，把布朗山选择为“直接过渡”地区进行试点工作，在解除了民族上的思想顾虑，稳定了群众情绪的基础上，推动布朗族人民群众逐步走上互助合作的道路，有步骤地对布朗族地区进行土地改革，促进了生产力的发展。在布朗族聚居的其他地区，人民政府也根据各地布朗族社会发展不平衡的特点，在思茅和临沧的布朗族地区实行了和平协商土地改革，促进了布朗族社会经济的平稳发展。到 1958 年年底，各布朗族地区通过民主改革，废除了封建领主、土司头人对土地、山林的所有权，取消了封建特权，免除了民族群众的劳役、贡赋，以及高利贷者的债利和租佃剥削，布朗族人民开始走上了

**颂歌献给伟大的党**

互助合作的道路，实现了生产关系的变革。1985 年 12 月 30 日，云南省成立以多个少数民族聚居区联合建立的自治地方——双江拉祜族佤族布朗族傣族自治县，布朗族成为自治县的自治民族之一。此外，还在布朗族较为集中的勐海县巴达、勐满和勐岗，临沧市的云县、耿马及保山市的施甸等地相继建立了与其他民族联合组成的民族乡。布朗族不仅自主管理本民族、本地方事务，而且以平等的地位参与管理国家事务和所在各级地方事务的管理。布朗族还选举出本民族代表参加全国人民代表大会、云南省人民代表大会及地方各级人民代表大会。与此同时，党和政府大力培养选拔布朗族干部，为民族区域自治制度提供了坚强保障。

经济结构和生产方式发生巨大变化。历史上，布朗族经济以农业为主。新中国成立前，社会发展比较迟缓，生产水平十分低下，许多地方甚至还处于“刀耕火种”的原始农业阶段，几乎没有固定耕作的水田，农作物产量很低，旱稻一般收成是籽种的10倍左右。每年平均每人只有粮食190斤。新中国成立以来，随着农村经济合作组织的建立，人民政府努力推动布朗族群众改变传统的刀耕火种生产方式，学会耕作固定耕地，逐渐减少了刀耕火种的土地面积。到20世纪70年代中后期，基本上告别了刀耕火种的传统耕种方式，在固定耕地上获得了稳定的粮食来源。改革开放以来，布朗族地区逐渐实行了联产承包责任制，各级党委和政府组织科技人员上山，大力推广运用农业科学技术发展生产，使用化肥，进行病虫害防治，粮食产量普遍提高。在发展粮食生产的基础上，各地布朗族农民还大力发展茶叶、甘蔗、橡胶、紫胶、咖啡、杉松、芒果、桃李、蜜菠萝、香蕉、柑橘、藤篾、南药等经济作物的种植，布朗族地区的市场经济得到长足发展。

布朗族的医疗卫生条件有了根本改观，人民群众身体健康有了基本保障。过去，布朗族地区历史上是有名的“瘴疠之区”，各种疾病流行，鼠疫、霍乱、痢疾、天花、瘟疫等各种传染病蔓延流行，疟疾长年肆虐，严重威胁着布朗人的生命与健康，老百姓饱尝瘟疫之苦。而布朗族聚居区却没有任何医疗设施，有了病只好求神驱鬼。新中国成立初期，人民政府就派遣医务人员巡回各山区为布朗族人民免费治疗，以后逐步建立了卫生所、医疗组，培训卫生人员，大力开展防病治病工作，布朗族地区流行的痢疾、天花、疟疾等疾病，都已经基本上被控制，群众的健康状况大为改善。布朗族“瘴疠之乡”的帽子也脱掉了。特别是改革开放以来，布朗族地区的卫生机构不断扩充，加大了乡、村、社三级卫生网络建设，除了乡中心卫生院外，行政村大都建立了卫生室，配备了医务人员、药品和器具。

布朗族地区教育从无到有，办学规模和人口文化素质正在逐渐提高。新中国成立之前，布朗族地区很难找到一所正式学校，文化教育十分落后。新中国成立后，尤其是改革开放以来，随着政治稳定与经

济发展，各地布朗族的教育得到了进一步发展。经过 60 多年的发展，布朗族地区的基础设施建设有了较大的改善，社会经济实现了跨越式发展，群众的生活水平和质量得到了提高，布朗族群众解决了温饱问题，一些村寨走上了富裕之路。

进入 21 世纪，党和政府把加快人口较少民族和民族地区的全面发展摆在了突出的战略位置，制定了扶持人口较少民族的国家规划，加大了政策、资金、项目的支持力度，着力解决人口较少民族的生产生活条件，布朗族人民同其他人口较少民族一道，迎来了千载难逢的发展机遇。布朗族地区和其他人口较少民族聚居建制村全部实现了“四通五有三达到”的扶持目标，极大地改善了人口较少民族群众生产生活条件：

布朗族学生上计算机课

基础设施不断改善。布朗族聚居地区的各项基础设施建设指标均比规划实施前有了大幅提升，布朗族聚居的建制村全部实现了通路、通电、通电话、通广播电视的目标。

群众生活水平显著提高。2010 年，布朗族建制村农民人均纯收入达 2265 元，比 2005 年的 845.7 元增加了 1419.3 元，年均增长 21.8%；人均有粮 435 公斤，比 2005 年的 337 公斤增加了 98 公斤，年均增长 5.2%；贫困发生率由 2005 年的 56.3%降至 2010 年的 13.6%；布朗族聚居地区全部建立了最低生活保障制度，多数群众住进了安居房，村容村貌发生了巨大变化。

产业发展初见成效。2010 年，布朗族聚居区各项经济发展指标都比规划实施前有较大提高；人口较少民族聚居村特色产业初步形成，群众基本有了自己的增收项目。

社会事业加快发展。云南省人口较少民族聚居县全部实现了“普九”，办学条件明显改善，开办了人口较少民族高中班和大中专班，上学难问题基本解决；建制村全部都有合格的卫生室，“因病致贫、因病返贫”现象明显下降；建设了人口较少民族特色村寨，启动了民族特色博物馆建设项目，建制村都有了文化活动室，群众文化生活日益丰富。

自我发展能力明显增强。布朗族地区培养了一批致富带头人、当家理财人和实用技术明白人。群众自我发展能力明显增强，从“要我发展”转变为“我要发展”，以主人翁的姿态投入到家乡建设中，为可持续发展打下坚实基础。

目前，布朗族聚居地区呈现出生产发展、生活提高、生态改善、民族团结、社会和谐、文明进步的良好局面。勤劳、勇敢、智慧的布朗族人民正在走上全面建设小康社会的康庄大道，正在憧憬着共建共享、共同富裕的美好明天。

# 第六章

# 民族之魂　精神之光

## 第一节　灵魂的根脉

### 一、崇尚自然的淳朴天性

布朗族是多神崇拜的民族，在布朗人的眼里，山有山神，寨有寨神，五谷杂粮、金木水火、灶盆锅碗皆有神，神无处不在，无物没有。由于多神崇拜，因此布朗人每年都有多次的祭祀活动。在诸多的祭祀活动中，以祭拜竜神最为严肃隆重。因为竜神是“全寨人的保护神”。

祭竜活动让布朗族村寨充满神秘色的色彩。祭竜活动由一名竜头（即主持人，布朗语称“昭色”）和两名助手（布朗语分别称为“翁色”和“翁莱”）共同主持完成。

在整个活动中，昭色要代表全村老幼进行数次叩拜和祷告，昭色祷告词的含义有这样几层意思：一是颂扬竜神的法力无边、至尊无及；二是致谢过去的一年里竜神对全村老幼的保佑；三是祈祷竜神继续保佑全村人民安康、五谷丰登、六畜兴旺。

除祭竜外，布朗族还有许多祭祀活动，如祭寨神、祭家神、祭火神、祭棉神等，在布朗人的观念中，竜神是崇高无比的，任何人不得冒犯；竜林是神圣之地，任何人不得猥亵。进竜林时必须脱鞋，不能穿红色衣服，不得大吼大叫，竜林里的任何东西都不能随意拿，随意动。

在布朗族的祭竜活动中，关于“昭色”确定也很奇特。昭色的确定方法叫“神找”。当老昭色年岁已高不能主持活动后，就要重新确定新“昭色”。新“昭色”的确定不是“世袭”，也非“禅让”，而是由老昭色指派村中一人上街买一红公鸡回村，由老昭色拿到竜树下叩拜、祷告，然后拿回放到“阿沙刁母”处（寨心石，布朗族村寨里都有），任由公鸡在寨中转悠，最后公鸡落户谁家，男主人就得当任昭色之职。

布朗族的竜神其实是山神。布朗族山寨周围那些保存完好的千亩古林，千年古树就是他们的竜林（即神山）。对山神的崇拜，在保护森林植被、防止水土流失、绿化美化山寨方面无疑起到了积极的作用，因此，今天的布朗族山寨仍然是山清水秀，古木参天，在古朴沧桑中体现着人与自然的和谐。

布朗人的多神崇拜，是布朗人心地善良、为人厚道的真实写照，他们祭祀多神，是对世间万物存在的尊重，是对一切生命存在的尊重，是对天地间人与自然和谐共存的理想和追求。人必须依赖自然而求得生存和发展，自然需要人的尊重和保护，最终才能达到人与自然和谐统一。

## 二、敬畏生命的谦和态度

布朗族珍惜生命、热爱生命，对地球上的具有生命的一切生灵充满敬畏之情。

人的生命极其重要，因此布朗族很少有人因为情仇恩怨而轻生，

更不会因为生活的苦难和折磨而走绝路。在法制社会和市场经济发展的今天，布朗族不会因为利益问题铤而走险。布朗族村寨很少发生吸毒贩毒、杀人放火等恶性案件。年轻人更不会因为区区小事而打架斗殴。

布朗族不仅对人的生命极其珍惜和敬重，对自然界中其他动物的生命也充满敬畏。布朗族的先民“濮人”还在母系社会时期就把一些动物的名称作为本氏族的名称来命名。各氏族的成员也把代表本氏族名称的动物加以崇拜。布朗族的图腾崇拜主要有竹鼠、蛤蟆、马、蜜蜂、公鸡等动物。每一种动物都有与人类繁衍、迁徙、发展有关的传说和故事。西双版纳的布朗族认为，竹鼠是祖先的灵魂，是竹鼠把第一粒谷种带给人类，因此人们对竹鼠总是感恩戴德。

布朗族受到佛教思想的影响，从不轻易杀生，遇到豺狼虎豹、毒蛇恶虫等这样一些动物横挡路面，他们不会用武器去杀戮和攻击，只是用念咒语的方法让这些动物离开。布朗族从小就教育孩子，不要轻易踩死路上的蚂蚁，不要轻易打下树上的小鸟。狩猎的时候对幼小的动物和正在怀孕的雌性动物要放生。

## 三、注重教育的坚定信念

布朗族是一个十分注重教育的民族。还在青少年时代，父母就要对子女进行严格的教育。教育的内容包括生活常识、劳动技能、人际关系、社会礼仪等。

从衣食住行到一些简单的道理、粗浅的是非观念都要以言传身教的方式教育子女。当小孩达到一定的年龄后，长者不仅要教育他们热爱劳动，还要不断地向他们传授做人的道理和本民族的习惯法。布朗族还善于用故事传说、神话寓言教育子女了解民族历史、树立民族精神、尊重民族习惯、遵守民族风俗。当孩子满 7 岁的时候，父母就要送子女到佛寺里学习诵读经书，接受佛教思想。他们认为，只有当过和尚的男孩才会有知识、有文化、有社会地位，不当过和尚的男人不是真正的男人。因此，在正式教育没有实施前，布朗族中能够有一点文化知识的多数是佛门僧侣，他们既是宗教人士，也是布朗族中的知识分子。

布朗族是善于学习的民族，他们不仅学习本民族的文化，还善于向其他民族学习，多数布朗人都能够掌握应用傣文和汉文。

布朗族十分尊师重教，他们把老师称为“他摩”，即智慧人。在当代社会，不管家庭贫穷与富有，布朗族都要送子女读书。

## 四、讲究礼仪的文雅追求

布朗族是一个十分讲究礼仪的民族。各种礼仪贯穿于一个人的一生以及社会生活的各个方面。

布朗族子女从小就受到礼仪教育。在家庭中，父母经常教育子女，穿着要整洁、说话要客气、言谈举止要大方。见到生人要主动打招呼、让座、端茶。端茶要用双手递给对方，接的时候也要用双手去接。见到长辈要尊称，见到同辈要热情，对外来者要友好相待。

在布朗族村寨，谁家遇到红白喜事，每家每户都要给主人去送礼。遇到建房起屋、生儿育女之类的事也要给主人家去送礼物。布朗族的礼物主要有大米、鸡、蛋、茶叶、烟、酒、钱等。所谓的礼轻人意重，只要送了礼物，以后必将得到回报。

逢年过节要相互请客吃饭。用餐的时候，老人和长辈要安排在“正席”（即正堂神龛下面的位置）。吃饭的时候专门安排年轻人在旁伺候。对于不能到场吃饭的老人，要派人给老人送去当天的食物。

在家里走动的时候，小孩不能在老人面前经过，妇女不能在男人前面经过。如果场地狭窄，非得经过不可，小孩要对老人说抱歉，妇

女则应屈膝躬身。

不同辈分的人不能随便开玩笑，有老人和异性在场的时候更要注意分寸，不失儒雅。

## 第二节　不屈的脊梁

布朗族是一个苦难深重的民族，历史上受到帝国主义、封建主义和官僚资本主义的压迫和剥削。为摆脱统治阶级的奴役曾作出过无数次不屈不挠的斗争，为抵御外敌侵入，保卫祖国领土，用鲜血和生命书写了一曲曲可歌可泣的壮歌。

### 一、历史上的抗暴斗争

布朗族的古老先民濮人，长期以来，遭受历代封建王朝的残酷统治和负担繁重的苛捐杂税，逼得走投无路，不得不拿起原始武器，展开反抗官家的斗争，因而爆发了无数次的起义斗争。

元朝廷祐五年（1318 年），保山一带的南窝寨“蒲蛮”首领阿都众、阿楼良举兵反元，“杀镇将、夺驿马”，势如破竹，元廷为之震动，云南省府派遣参政汪申右尕尔只率兵前往讨伐，从当年 8 月到次年 5 月，历时 9 个月，始将寨门攻破，元军进寨后，对“蒲蛮”人民大肆烧杀抢掠，余生者逃往深山野箐。元廷同时迫使枯柯甸（今昌宁县南）、庆甸（今凤庆县）濮人缴纳贡税银两，但英雄的濮人是征服不了的，首先由保山“蒲蛮”酋长阿人刺（亦称伙头），蒙化州（今巍山）兰神场摩察伙头过生琮联合凤庆“蒲蛮”伙头阿尔通，率领濮军 2500 人，摩察军 500 人，奋力围攻镇南州定远县（今牟定），给元王朝以狠狠打击。

至元泰定四年（1327 年）四月，凤庆的“蒲蛮”首领益阿尼等又一次举兵反抗，这次起义以保山、龙陵、施甸为中心，战火燃遍了巍山、凤庆、德宏、临沧、思普一带大半个滇西南，加速了元王朝政权的崩溃。

明王朝统治云南后，并未给云南各族人民带来好处，而是变本加厉勒索和镇压人民，迫使广大濮人再次揭竿而起，复仇的火焰燃遍了澜沧江两岸。明宣德二年（1427 年），顺宁府（今凤庆）由雄摩等 15 个寨子的濮人联合起来，在酋长的率领下，志兵杀死十夫长阿茂和士兵等 80 人，官府十分恐慌，紧急出动官军，并勾结大候、鹤庆、凤庆等地反动武装，由都督同知沐晟带领，兵分两路，围剿雄摩等寨，将濮人起义镇压。

明嘉靖四十年（1561 年），云龙县东山（今蒲甸村）濮人不堪官家奴役，在酋长双日（音冒）领导下，“纠蒲五十余人”，发动武装起义，但由于势单力薄，寡不敌众，东山寨被攻破，残暴的官军将全寨妇孺老幼“沉于江”中，惨不忍睹。

明代中叶，居保山、施甸一带濮人崛起，势力逐渐增强，设立了十八土司，明王朝一面利用濮人征讨白夷（傣族）的叛乱，一面推行“改土归流”的政策，削弱濮人的势力。据《明史・土司传》记载，顺宁府“改土归流”以后，“蒲”人的土官知府被取消，于是引起十三寨蒲蛮人的义愤，“始聚兵反，官兵悉剿除之”。“万历二十九年（1601 年）十二月甲戌，以云南十三寨荡平，命巡抚云南右都御史兼兵部右侍郎陈用宾升俸一级……云南十三寨诸夷，即志书所称蒲蛮者，虽名十三寨，高山深堑，绵亘数百里，即百寨不止也，所居天险，强弩毒药，为诸夷之最，董瓮、亦革雒、亦壁等寨诸夷，莽凹、歪列、哈喇梗等，遂结连为乱……且言胜利则据顺（宁）、蒙（化），攻腾（越）、永（昌），败则西勾缅……”

史籍所称的十三寨“蒲蛮”，即今凤庆、云县一带地区。另在姚关

清平洞《恤忠祠记》碑文中对当时剿抚“蒲蛮”情况，曾作详细记载：“……阿波、都鲁二寨，西人永昌城仅百里，东连顺宁，南抵施甸，北达永平，林木森翳，槽道峻险，国初至今未能下，卧榻之侧有不宾之蒲久矣。近贼首莽裕、莽霸思以董壅，令邹良臣、吴松管在达丙（今昌宁县属），牵制亦登、亦林，彼三寨已绝援，先令陈信、郑勇、万和、范进、郑廷锡等潜师阿坡，公雨夜趋南窝，裸体渡藤桥、闻哨官文清仁死于险，急令各目启密缄视，如知架天桥、斩槽险，贼寨退无所持，走无所归，悉就擒，遂扶其众为正塑子粒民。”

这段文字记述了明王朝对昌宁、施甸境内部分“蒲蛮”人的镇压，迫使蒲人的十八土司（酋长）和胁从者四处逃散。清雍正《八乡始末来历》还记载：“万历四年（1576 年）起，其施甸长官司系己丑年孙可望改土归流，裁革施甸长官司，设立平彝（夷）州。”

又曰：“至顺治丁亥年（1647 年），遭孙秦王之变，将土舍杀戮，人民逃散，田地荒芜，顺治庚寅年设平邑（夷）州，九册偏（编）为八乡，马料之外，又以一千二十石起科，丈粮摊撒杂派：一斗派银三四两，一石派银三四十两，至万民受害，流走四方，为额之粮民由此起也。”

《八乡始末来历》所载的孙可望杀戮土舍之事（即屠杀布朗族先民濮人居住区）与施甸、昌宁蒲满的后裔流传的“灭绝土舍”相符，孙可望“改土归流”对施甸蒲满土司打击比较大，许多土司和百姓纷纷四散奔逃，甚至隐姓埋名。据施甸木老园区蒲满老人阿春荣说：“当时官司家提出‘消灭土舍’，祖先怕被官家杀害，曾将阿姓改成莽，又将莽改成蒋。”昌宁大塘区中寨曾保存一座清代完整的蒲满人坟墓，1980 年 6 月，作者曾前往，发现其墓志铭上雕刻的《阿公碑文原序》所记曰：“阿育祖（濮人酋长）因得疾，……传于太子，被金人所刻（克），后裔改姓为莽……洪武十五年（1382 年）改莽姓为蒋，由始至今，年代久远，阐明裕后矣。”又曰：“（清）雍正即位，二年归顺永（昌），中国遂灭土舍……从此更改李、赵二姓，遵汉文风……”

据老人谈，当时蒲满改成其他姓者，还有闪、杨、段等数姓，他们迁到汉族地区的部分人，遵从汉族习俗，讲汉语，穿汉服。

## 二、响应太平军起义

清代末叶，清廷更加腐败，吮吸民脂民膏，勤劳善良的濮人重又陷入水深火热之中，居住在滇南之景东、墨江一带的濮人，终日披星戴月，辛勤劳动，有的青壮年终年在外帮人挑担、抬轿子，还是食不果腹，衣不蔽体，生活十分悲惨。一位墨江布朗族老人曾说：他们吃的是用些野苕、野菜、苦荞等制成的粑粑；穿的衣裳破得像“马笼头”；垫的是稻草，睡觉时要架火取暖；住的是低矮破烂的茅草屋，这就是当时濮人苦难生活的写照，濮人为了生存，不得不揭竿而起，摧毁万恶吃人的世道。

清咸丰五年（1855 年），在震惊中外的太平天国革命军的影响下，首先爆发了保山回民杜文秀的武装起义。咸丰十一年（1861 年），革命的烽火迅速席卷滇东南，在哀牢山一带爆发了李文学领导的彝族人民的起义，紧接着墨江县挖壁村哈尼族农民田四浪（又名田政），组织了一支以哈尼族、濮人为主的千余人武装起义响应，他们竖起了白布为旗帜，占领了镇沅县和墨江县的景回全区，起义队伍浩浩荡荡地顺山脊直迫交通要道——通关重镇，起义军攻打下通关后，准备南度占领磨黑、普洱，北渡章陆平江，强占墨江县城，但遭遇连天阴雨，江水猛涨，水湍流激，无法渡江，背后又有清军勾结地方封建势力，磨黑大盐商李锦文和墨江恶霸地主武装孙某的两路夹攻，紧紧地包围了通关的起义军驻地，用稻草堵塞大门，放火燃烧，顿时烟雾弥漫，起义军奋勇迎战，怎奈寡不敌众，纷纷跳墙突围，不幸十有八九惨遭敌

人杀害，起义军首领田四浪手持雨伞从围墙跳下，逃脱危险，折回到过得营盘，据守山寨，由于起义军在营盘预先构筑工事，准备好充分的粮草，官军才无法攻下。至同治八年（1869年），清廷调集重兵，纠合当地恶霸等反动武装四面围攻，起义军坚如磐石，坚持达半年之久，终因弹尽粮绝，无法固守，首领田四浪遂从石岩引绳而下，企图突围，不幸绳断，坠于岩脚，身负重伤，被清军捉住。绑赴刑场，田四浪面不改色，视死如归，被官军剖腹挖心。起义军由于伤亡惨重，又一次被镇压下去。这次以田四浪为首的农民军从挖壁龙潭发难到过得营盘失败，历时11年之久，其势力范围曾到达镇沅、墨江等县，削弱了恶霸地主的势力，平分了他们的财产，为民除了害，给封建统治阶级以沉重的打击。

## 三、痛击地主恶霸武装

国民党政府统治时期，沿袭历代封建王朝的衣钵，残酷地剥削布朗族人民，加上当地恶霸的胡作非为，更加激起各族人民的极大愤慨。民国七年（1918年），墨江县圭墨寨布朗族农民李德科首先发动群众，联络了镇沅、通关、磨墨一带各族农民，多次打击了恶霸地主的反动气焰，引起国民党当局的恐惧。国民党害怕他们重新竖起义旗。以墨江县伪县长熊某为首，亲率50余名士兵，采取阴险毒辣的手段，假借“招安”为名，骗使义军上钩，由于李德科几位首领未识破官家阴谋，被召到景星街的小学校中，当场被逮捕的有布朗族首领李德科、王世，他们又赶往麻科寨抓了汉族仁皮匠和他的侄孙仁义发和刀科甲。当他们被绑赴刑场前，表现出大义凛然，视死如归的英雄气概，大声呼喊：“黄煎豆腐另翻身，20年后是英雄”的口号，抵达刑场后，还掉过头来喝道：“是哪个汉子敢枪毙我，当面打来。”

伪县长杀了李德科等五位首领后，随后带领士兵会同苏应祥的20

多个团练及景星街的10多个打手，共100多人，前往圭墨实行清寨，大肆烧杀抢掠，将全寨百姓的财产抢劫一空，布朗族人民生命财产又一次遭受损失，人们更陷入痛苦深渊。

1930年前后，国民党政府实行的保甲制度，像套在布朗族人民头上的枷锁。1940年，国民党军队进驻西双版纳中缅国境线一带，任意征税，拉夫派款。一次，驻巴达区曼瓦寨的国民党军，在该寨赕佛期间，强拉布朗族民夫，群众不满，他们便开枪威胁，群情激愤，包括僧侣在内有的拿起火枪，有的拿锄头、木棍，分成几股，顺山脊向国民党军进击，打退敌人，夺得机枪一挺，将国民党军驱逐到章朗寨边。其他寨的布朗族、哈尼族、拉祜族人民接到曼瓦寨的鸡毛火炭时，也赶来助战。事后，国民党军即调动千余人武装前来镇压，曼瓦寨的布朗族闻讯后，举寨逃往深山老林。

## 四、捍卫祖国领土

蒲满人民在明代万历年间，曾积极支援过邓子龙参将镇守边陲，在湾甸、姚关、耿马三尖山几个战役中，歼灭了缅酋对中国的武装侵略，立下了功勋。

19世纪末，英殖民主义者于光绪十一年（1885年）侵占缅甸后，便把魔掌伸入我国西南边陲，他们披着宗教外衣或以“勘测队”为名窜入滇西南边疆，企图觊觎中国领土，并收集我国政治经济情报，刺探矿产、动植物资源，挑拨各民族团结，明目张胆地武装侵略德宏景颇山区和沧源阿佤山一带。1934年，英殖民军悍然侵占阿佤山西部，掠夺炉房银矿，爆发了震惊中外的“班洪事件”，遭到了阿佤山各族人民的英勇抵抗，地处阿佤山附近的澜沧、临沧、耿马、双江一带的布朗族、傣族、佤族、拉祜族、汉族等各民族自发地组织起一支千余人的西南民众义勇军，他们拿起原始的刀枪，开赴阿佤山，支援班洪、班老佤族人民的抗

英斗争，狠狠地打击了英国侵略军，保卫了祖国的领土。

1940 年年初，日本侵略军发动了太平洋战争，铁蹄踏遍了东南亚各国，我国邻邦泰国、缅甸相继失陷。1942 年 2 月，日寇大举进犯腾（冲）、龙（陵）一带，德宏州各县沦入敌人手中，驻滇西的中国远征军，在滇西布朗族、傣族、景颇族、阿昌族、德昂族和广大汉族人民的配合下，经过 3 年艰苦的浴血奋战，于 1944 年年底，将日寇大部分消灭在腾冲、龙陵一带，少数残部逃窜缅甸，在滇西南的澜沧、耿马、勐海沿线一带，边疆各族人民积极支援抗日军队，组织游击武装，筑成了一道铜墙铁壁，阻击了日寇的进攻。如居澜沧县惠明区的蛮洪、蛮井、翁基、翁瓦等寨布朗族人民，头人借棒（现澜沧县政协副主任苏利亚的父亲）和老叭组织了一支百余人的乡游击武装，拿起原始的弓弩毒箭、明火枪、毛瑟枪与南段、巴卡囡乡的拉祜族，班角乡的哈尼族，孟连、公信的傣族，富岩、翁戛科的佤族沿中缅边界线，阻截交通要道，设陷坑，使日寇不敢越雷池一步，捍卫了祖国边疆，在历史上谱写了一曲抗击帝国主义的光辉乐章。

## 第三节 团结就是力量

自古以来，布朗族就与傣、汉、哈尼、拉祜、佤、彝等民族杂居相处，在长期的友好交往过程中，民族之间形成了经济、政治、社会、文化交流，促进了与各民族的团结。布朗人坚信：团结就是力量。

### 一、布朗族与傣族的交流

历史上，由于布朗族、傣族先民一直杂居于同一区域内，其政治、经济、文化等方面的联系是非常密切的。

政治上，傣族召片领既要受制于汉族统治者，同时又统治着布朗等民族。傣族领主分封布朗族头人，设立“圈”官制度，借以统治布朗族人民，此种政治上长期受制于傣族封建领主的关系一直延续到新中国成立前夕。

在民族文化的交流中，一般的情形是物质文化的吸收和借用往往先于精神文化的吸收和借用。因为物质文化的利用价值比较容易判断，它与原有的意识形态没有直接的冲突。

在物质文化方面，西双版纳布朗族和傣族的民居建筑和宗教建筑相似，衣饰、生活用具比较接近。在精神文化方面，两个民族的宗教、音乐、舞蹈、语文字、历法、文学、节日等比较相似，但在民族文化的交流中，又保持了自己独有的特色。

宗教信仰上，布朗族和傣族均信仰小乘佛教，共同使用西双版纳傣文经书。由于布朗族和傣族聚居地区的小乘佛教是从斯里兰卡到泰国经缅甸传入西双版纳的，具有相同的历史渊源，因此两族在佛寺建筑和设备、教阶和升级制度、宗教祭祀等方面具有相似之处，相互之间的交往比较频繁，如定期互访，传经布道，相互请教和交流学民间佛教经典的经验。每逢重大节日和宗教活动，双方更是互相邀请和拜访。但布朗族信仰的“摆坝”派佛教也有自己的教规教义，有自己的教阶及升级等制度。

语言文字上，居住在西双版纳的布朗族由于受佛教的熏陶和影响，男子基本上都要到佛寺当一段和尚而且还要学习经文，凡入寺的和尚都要学习傣文和用傣文记载的本民族的历史文化，用傣文创作布朗族诗歌、故事等。因地区不同，大部分布朗族都能操西双版纳傣语或德宏傣语，语言兼用现象比较普遍。

布朗族音乐、舞蹈吸收了傣族的部分文化元素，如唱傣歌、傣调，跳象脚鼓舞。但是布朗族有自己独特的风格音乐，例如，“布朗弹唱”艺术是布朗族独有的一种艺术形式。

在文学上，布朗族文学与傣族文学有着密切的联系，许多故事传说都是相同的。这是因为佛经中的故事同时在两个民族中流传，有的是布朗族故事传入傣族故事中，也有的是傣族故事融入了布朗族故事中。在一些传说故事中，人们把布朗族和傣族看作是兄弟关系。节日也受到宗教的影响而基本相同，如开门节、关门节、泼水节等。

布朗族服饰和傣族服饰相似，但又各具特点，各有自己民族文化内涵。布朗族服饰的设计图案、颜色、款式都有自己独特的风格，如布朗族女子头上戴的“三尾螺”有特别意义：一是为了纪念古时候的布朗族美女“朗三飘”；二是头戴“三尾螺”的姑娘象征着富有和美丽。因此对西双版纳比较熟悉的人，一眼就能辨别傣族服装和布朗族服装。

在民间交往的过程中，布朗族与傣族互通有无，互帮互助，交往至深，感情甚笃。在很早以前，布朗族与傣族即开始了商品交换的最高原始形式——物物交换。布朗族人民用自己生产的棉、茶叶、黄豆、辣椒、笋子、红薯、芝麻及松明、柴草、草排、木材等同傣族人民交换筒裙、布匹、毯子、粮食、盐、土锅、干鱼、铁制农具等，这对布朗族的生产、生活起到了积极的作用。逢年过节布朗族与傣族都要互邀做客。傣族在每年的开门节和关门节邀请山区的布朗族兄弟到坝子共同庆贺；布朗族也在自己的节日到来之际，盛情邀请傣族上山做客。傣族也愿让自己的小孩子认布朗族老人为干爹、干妈，此后双方便结成至亲好友，经常往来，互赠礼品。有的傣族还抚养布朗族孤儿，两个民族的通婚现象时有发生。由于两个民族生活在同一区域，从而出现了在各自吸收对方的某些文化因素的过程中，也同时逐渐淡化了自己特有的某些文化特征的现象。如双江县大文乡大南矮村是一个布朗族和傣族的杂居村，其中，布朗族的人口偏多，他们会讲傣语但不会说布朗话；而傣族穿布朗族服装，却不着傣族服饰。此种“你中有我，我中有你”的民族融合关系由此可见。总之，布朗族是一个谦虚而又善于学习的民族，从而使得布朗族的经济文化有了进一步发展。与此同时，傣族文化也吸收了布朗族文化的养分。

## 二、布朗族与哈尼族、拉祜族的交流

布朗族与周边居住的哈尼族、拉祜族也有密切的经济文化交流。布朗族与哈尼族、拉祜族均属山区民族，以山地农业为主，经济生活和生产方式等极为相似，所以，当哈尼族和拉祜族迁入布朗族地区时，他们与布朗族之间的联系是非常密切的，并相互产生影响。新中国成立前，西双版纳傣族封建领主把山区的布朗、哈尼等族划分为“卡西双火圈”（12 个奴隶的区域），布朗族虽然在政治地位上处于傣族封建领主的附庸地位，但作为山区的主体民族（布朗族是西双版纳最早的原住民族，例如，老曼峨寨建寨已有 1300 余年，而哈尼族的老班章寨只有 80 余年的历史，哈尼族现在拥有的土地、森林过去都是老曼峨寨的），布朗族头人又曾长期统治这里的哈尼族和拉祜族，哈尼族、拉祜族的头人完全由布朗族头人册封，他们的地位低于布朗族。在西双版纳勐海县的布朗山，先后迁入布朗族地区的哈尼族和拉祜族，都要向老曼峨寨交纳地租以及老鹰、崖蜂等贡纳，同时还要给老曼峨头人服劳役、送礼猪等。布朗族每年祭山神时，所属哈尼族和拉祜族同样要送一只“礼猪”作为祭祀之用。哈尼族和拉祜族村寨逢年过节或婚嫁，常邀请布朗族头人做客。在生产、生活上，各族之间互帮互助，如曼兴弄寨的哈尼族因田少产量低，吃粮大部分依赖于章加寨的布朗族供给，章加寨的布朗族又从曼兴弄寨的哈尼族那里换回所需物品。新中国成立以后，实行土地改革，哈尼族、拉祜族有了属于自己的土地。布朗族人民与各族人民之间的友好关系进入了崭新的时期，各族人民平等互助，互相尊重，携手为边疆的建设作出贡献。

## 三、布朗族与汉族的交流

地处澜沧江中、上游的布朗族，长期与汉族杂居一起，相互间的经济文化交流十分广泛，特别是汉族的先进生产力对布朗族的影响大大促进了布朗族的经济文化的发展。但由于各地布朗族与汉族接触的持续时间与密切程度不同，所以，那些不断直接接触汉文化的，尤其是靠近内地的布朗族先民，其经济文化的汉化程度较深，而与汉族只是零星接触且处于边疆地区的布朗族受汉文化影响的程度要低得多。

汉武帝开发“西南夷”时，为了巩固和扩大其在“西南夷”的实际统治区域，开凿了一条通往永昌的道路。此时，汉族移民已开始进入布朗族地区，该部分布朗族先民在一定程度上受到了汉族经济文化的影响，这使得永昌地区哀牢、闽淮等更有机会与内地人民相互交往。在以后的历朝历代，这种交流与互通有无得到了进一步加强。明代在云南全面推行“军屯”和“商屯”等恢复发展生产的措施，鼓励内地汉族到云南屯田戍边，于是，几十万汉族军民来到云南，边疆汉族人口倍增，达到有史以来的最高峰。他们带来了先进的生产工具和技术、优良的农作物品种，对布朗族地区的经济发展产生了很大影响。尤其是自明初继续设置顺宁府，任命蒲人阿悦贡为土知府后，更是加强了顺宁府境内平坝区或半山区蒲人与汉族之间的经济文化交流，促使一部分人的经济文化水平迅速提高。万历《云南通志》卷四说：“境内男耕女织，渐习文字。”这里的“文字”是指汉语文，说明在当时的布朗族中已出现了识汉字的读书人。万历年间，分布在永昌府城郊区的蒲人与顺宁府城周围地带的蒲人一样，与汉族接触的机会较多。如时驻云南少数民族地区卫所军屯的永昌卫和景东卫周围就有蒲人与之杂居。此时，汉化倾向已经明显，蒲人的经济文化水平与当地汉族非常接近。《滇略》卷九说：“蒲人，散居山谷，无定所。永昌凤溪、施甸二长官司及十五渲三十八寨皆其种也。形貌粗黑……知汉语，通贸易。昔年地方有事，多资其力，今渐弱而贫也。”这部分蒲人有的因经济贫困而沦为汉族官僚地主的佃户，融合到汉族之中；没有融入的小部分也“知汉语，通贸易”。说明他们的经济贸易已达到一定的水平，社会经济与汉族相差甚少。《西南夷风土记》也说：“蒲人、阿昌乃在帮域之中，杂华而居，渐变于夏。”居住在景东府的蒲人与汉族之间的贸易交换也明显增多，从而极大地推动了蒲人的社会经济的发展。

到了清代，原来先进的且住在平坝的蒲人，在改土归流之后至清初大部分都已融合到汉族之中。随着对云南少数民族地区进行屯田和移民垦殖的范围深入至边疆，从云南的内地到边疆少数民族地区均有汉族移民的踪迹。初到的汉族多“讨地耕种”，可以维持基本生活；有的汉族则逐渐发展成为称霸一方的富豪，他们曾先后是清朝封建政权和民国政权的统治基础。又据《云县志》载，民国时期，“全县人口，素无精确统计，约在十三万余，其中汉人约十万余”，从而改变了夷多汉少的状况。凡布朗族村寨，多有汉民相杂居，有的汉族因与布朗族通婚而变成了布朗族，他们一起开辟田地、发展生产，为当地的建设作出了各自的贡献。

由于与汉族长期交往，靠近内地的保山、施甸、凤庆、昌宁、云县、永德、镇康等地的布朗族都能操汉语，汉语已成为布朗族内外进行交际的工具，有的还能用汉文写作山歌小调。这些地区的大部分布朗族的服饰已汉化，只有小部分地区，如施甸、永德等地妇女的服饰仍保留本民族的传统。他们的饮食、民居建筑、婚俗、丧葬、节日等风俗习惯与当地汉族接近。每逢年节、嫁娶，布朗族与汉族都要互相往来，送礼请客吃饭，互认亲家，拜干爹、干妈，给小孩子取名，相互通婚。在战争中互相救助，在生产中互相协作，换工互助，互通有无，进行商业贸易。汉族把先进的农耕技术传授给布朗族，为布朗族

人民提供铁制工具，如镰刀、铁三脚、犁铧、铁锅、砍刀等，同时提供布匹、陶器、针线、鞋子、盐巴等生活用品，以此换回布朗族的茶叶、生姜、竹笋、辣椒、兽皮等产品。新中国成立以后，布朗族与汉族的关系更加和睦融洽，汉族先进的生产力和生产方式促进了布朗族社会经济的发展。

# 参考文献

1. 杨毓骧．布朗族．民族出版社，1996

2. 王国祥．布朗族文学简史．云南民族出版社，1995

3. 俸春华．澜沧江畔布朗人．云南民族出版社，2003

4.《布朗族简史》编写组．布朗族简史．民族出版社，2008

5. 穆文春．布朗族文化大观．云南民族出版社，1999

6.“民族问题五种丛书”云南省编辑委员会．布朗族社会历史调查（二）．云南人民出版社，2009

7.“民族问题五种丛书”云南省编辑委员会．布朗族社会历史调查（三）．云南人民出版社，2009

8. 中国气象网云南站资料

9. 第六次人口普查资料

# 后记

中国布朗族具有悠久的历史和灿烂的文化，但由于这个民族人口较少，地处边陲，社会发育程度低，经济文化发展滞后，加之没有本民族的文字等多方面的原因，其历史文化资料保存得极为稀少。随着工业化和城市化的不断推进、外来文化的冲击和融入，布朗族特有的传统习俗和文化现象正在濒临消亡。因此，及时抢救和保护民族文化刻不容缓。

作为这个民族的一员，记录和传播本民族的历史文化是我义不容辞的责任。长期以来，本人致力于布朗族文化资料的收集、研究和整理，也希望将布朗族文化中有价值的东西公诸于众，但由于经费困难等原因，一直未能如愿。在北京参加文学培训期间，有幸认识了中国人口出版社的几位编辑，在许多方面上我们达成了共识，于是决定担任《中国少数民族人口丛书·布朗族》的撰写之责。在此，我对关注和支持民族文化工作的中国人口出版社的领导和编辑们表示衷心的感谢。

《中国少数民族人口丛书·布朗族》的编写是一项艰苦复杂的工作，在编写过程中遇到了诸多的困难：首先是布朗族人口居住分散，交通不便，信息闭塞，给收集资料带来了困难；其次是可以借鉴和参考的文字资料较少，有不多的一些布朗族文字资料也很难找到。幸运的是云南民族出版社和云南民族大学的一些朋友给我以大力的支持，为我提供了一些信息，收集到了一些资料。与此同时，得到许多布朗族专家、学者的精心指导，他们是：云南省侨务办公室副主任、省布朗族研究会名誉会长胡明学（布朗族）；云南省民族古籍办主任、省布朗族研究会会长、副教授玉罕娇（布朗族）；云南省社科院图书馆馆长、布朗族研究会副会长穆文春（布朗族）；云南省社科院专家、教授王国祥（汉族）；云南省民族研究所副研究员、中国民族学学会会员、中国人类学学会会员杨毓骧（汉族）；云南省临沧市双江拉祜族佤族布朗族傣族自治县文化局原副局长、主任编辑俸春华（布朗族）。可以说，《中国少数民族人口丛书·布朗族》之所以能够出版是建立在他们的学术研究基础上的，在此，我对他们表示崇高的敬意和衷心的感谢。

《中国少数民族人口丛书·布朗族》的编撰注入了许多人的辛勤汗水。在此我要特别感谢中国人口出版社的责任编辑，他们为书稿的编辑、校对和书稿中涉及的民俗问题、人口问题、史实问题的核实付出了大量的时间和精力。他们一丝不苟、认真负责的工作态度和脚踏实地、甘于奉献的敬业精神令我感动万分。

《中国少数民族人口丛书·布朗族》在大的方面按照中国人口出版社《中国少数民族人口丛书》编纂方案和编写大纲编撰，有部分章节的提纲根据实际情况作了一些改动，在这里特此说明。书中的插图除了本人提供的图片外，还有张建益、李钟、江宏峰三位摄影者提供了部分图片，在此特作说明并致以谢意。

本书在编写过程中力求实事求是，忠于史实，所引用的资料力求是自己在本民族的社会生活中的亲见亲闻，但因作者水平有限，加之时间仓促，可能会出现一些错误之处，敬请读者给予批评指正。

作者

2012 年 9 月